WEALTH

天窗出版

機構式投資

祝振駒 著

目錄

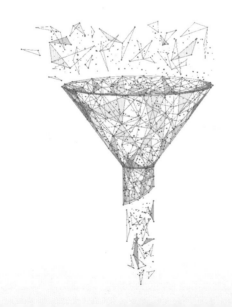

目錄

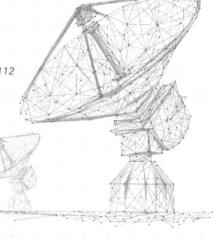

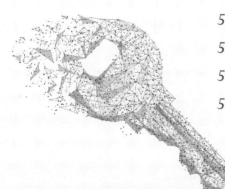

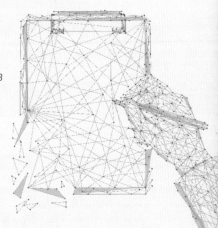

推薦序

「十五年前,我跟祝先生在瑞士銀行共事。作為分析師,他一直以扎實的基本功底出眾。這本書的核心是他對企業和資本市場的理解。我讀後受到啟發,感到非常實用。」

中國支付通集團董事長 張化橋

「Raymond馳騁基金界多年,戰績彪炳,本書乃其多年實戰心血結晶,深入淺出,不論對散戶或專業投資者,同樣極具參考價值!」

以立投資董事總經理 林少陽

自覺的重要

祝振駒和我都歧視資歷淺的分析員，因為這些人被騙的次數不夠多，特別是受小型股欺騙，管理層須先證明自己不是騙子，即是疑中不留情，先當賊辦。最近執屋，找到些早年寫的分析報告，重看的感覺是觸目驚心，大型股還好一點，主要是看錯形勢，小型股可以錯得厲害，慘不忍睹。有些經驗不能靠來自書本，或靠聽前輩教導，分析員未瘀至不想見人，未痛至想大叫，不算被騙過。

任分析員的年代，祝振駒是分析小型股的可信賴品牌，這品牌是經過長時間累積出來，換句話說，他被小型股管理層欺騙的次數比其他人多。祝振駒受證券行業尊重，原因之一，是他身上傷痕夠多。人生有很多被騙的經驗，股票市場騙案的特點，是結局不含糊，絕不是見人見智，被騙者清清楚楚被劈一刀。

推薦序

分析員因被騙而累積經驗是一項資產，能否運用資產，卻因人而異，我認為祝振駒是市場上少數的高手。小型上市公司管理層是騙子，但市場上有更大殺傷力的騙子，這騙子無處不在，無往不利，無堅不摧 — 這騙子是自己。

最不誠實兼最懂得騙人的人，是自己，被騙對象也是自己。看對一件事，以為自己天資過人，做足功課，把握到重點，而不是好運。預測一個人日後犯錯，最佳線索是這個人曾經 right for the wrong reasons，而不肯對自己誠實。

作為做人處世的武功，自覺太重要，看這本書感受到祝振駒的投資自覺之路。投資者時時刻刻在考驗自己的誠實程度，作為武功，自覺更其重要，更加影響投資者的成績。我們都知道分隔開好與壞投資者的特徵，是心理質素，當中最重要是自覺。自覺好像太虛無，對，很多人從來不想去想，大部分人跟著人潮，被後面的人推著，走向人多的方向。這些人的操作模式是 auto pilot，所謂行之有效的方法，其實是不願質疑自己。

欣賞祝振駒的地方，是由分析員成功轉型為基金經理，如他所説，這轉變不容易，分析員不需要掌握買賣的時間性，不需要判斷投資注碼，犯錯後不會直接引致金錢上的

損失。基金經理的成績表既即時又清晰，無遮無掩，逆境時面對非一般的壓力。幫助基金經理渡過難關，是自覺，知道自己身在何處，面對怎樣的世界，需要怎樣的思維和態度向前走。換句話說，right 不夠，要 right for the right reasons。

自覺的人不是百分百誠實，人性難違，但自覺的人較有自信，較少光天化日欺騙自己。如祝振駒説，股票市場沒長勝將軍，把贏面提升，將錯誤減低，建立屬於自己的思維方式，已經不錯。

這本書有些章節我看完再看，希望可從另一個人的自覺旅程學習，誠實或者可以傳染。

　　　　　　　　　　精電前行政總裁蔡東豪

自序

讀書時從來沒有想過未來是會以執筆相關的工作為生,而且是以英文。小學和中學讀的是中文學校,現在還記得高中中文科老師曾經批評自己的文章「沙石滿紙」。

1993年留學畢業回港時有幸地在一家小規模的證券商找到一份研究部分析員工作,開始了證券分析的生涯。小公司沒有資源,也沒有研究部主管。當時只是按照銷售部一位外籍主管(也是研究部的直接上司)的指示,把年報或其他投行報告東抄西抄,總結成簡短的兩三頁英文報告,然後讓他轉發給歐洲客戶。因為市場上太多研究報告,上司說他只需要二手研究(Secondary Research),綜合各大投行的要點,因為客戶沒有時間閱讀冗長的報告。後來輾轉跳槽,加入了以機構客戶為主的不同外資投行擔任中國分析員,撰寫一手研究報告(Primary Research)。所謂一手研究就是親身拜訪上市公司管理層,搜集資料,建立財務預測試算表,然後靠自己獨有見解及角度分析公司,定出推介建議及目標價。

出道兩年後,加入了一家當時中國及小型股研究部排名極高(分別第二及第一)的中型外資投行(後來被歐資銀行收購),有資深及水準極高的分析員同事作為學習榜樣,奠定

了基本分析的基礎。記得當時有位最得寵（他當時推介的股票為公司產生最大的佣金收入）的外籍分析員對自己分享，推介股票首先要找出獨特的角度，有自己的見解，建議不一定肯定對，但假如基金經理欣賞你的分析，會透過公司交易。

研究中小型股的經驗，則來自多年之後當一家本地券商研究部主管所累積得來。那時處於科網股熱潮爆破後的年代，大型投行普遍削減研究部人手，中小型股受冷落。中小型券商研究部要殺開血路，唯有專門發掘冷門中細價股。當研究部主管那5至6年時間接觸及覆蓋了上百家以上的小型股管理層，也曾經組織了數百次以上的公司路演，因此得以更深入了解資本市場的集資行為及大股東的心態。這些寶貴經驗大大幫助了日後成為專業投資者的自己。

分析員與基金經理最大的分別是前者不需要掌握買賣時間性，也不需要判斷投資注碼大細，犯錯也不會直接引致自己任何金錢上的損失，所以工作的心理壓力比基金經理少得多。基金經理的表現完全以量化數字為依歸，沒有絲毫花巧餘地。基金經理除了研究基本面，也需要留意市場資金流向，技術指標及股票供求關係，需要懂得在適當時候

加倉，減倉或對沖，操作技巧上與分析員很不一樣。分析員比較注重財務會計及深入細節，而研究的範圍通常很狹窄。基金經理必須具備廣闊及長遠的視野，投資確信力及果斷的執行力，逆境時要求非常高的心理質素面。除了先天的性格，很多特質都必須由後天實戰中鍛鍊出來。

投資絕對是一門高深的學問，很多時候沒有絕對對或錯，只有贏錢或輸錢，而進場或離場的時間性往往凌駕了一切。要投資致勝，除了理論外，必須加上經驗及最新知識，反覆驗證成功與錯誤。投資獲利有時涉及運氣，但無人能長期單靠運氣賺錢。能長期戰勝市場者，並非賭博，而是將自己成功的百分比及注碼加大，錯誤的百分比及注碼縮少。這一切的背後都需要一套能經得起考驗的投資邏輯系統。話雖如此，市場上永遠充斥著不可預見及不可預知的風險，當黑天鵝事件出現的時候，就算多熟悉及有把握的投資，都可能出錯。投資經驗愈多，年紀愈長，愈感到需要謙卑，因為投資領域的變化實在太快，有太多東西實在不能單純用理性分析。

本書的目的是希望透過自身經驗，引導讀者由不同角度及層面理解及分析市場和股票，從而建立自己的投資思維及

系統，將錯誤減少和贏面提升，避免道聽途說或盲從附和市場噪音。

最後要多謝同事李嘉倫的協助，在背後搜集資科及製作圖表，本書才得以順利完成。

祝振駒

Chapter 1
省察自我投資方式

業餘投資者的
4 個投資盲點

筆者在金融市場打滾了二十多年，其中最深刻的領會是股市的變幻莫測，雖然市場周期有起伏，但每次升跌的主角都不一樣。股市低谷時投資者永遠是最恐懼，持倉量最低，現金水平最高之時；股市高峰則是眾人最亢奮，投資者現金水平最低而槓桿比例最高時。不同經濟及不同市場會產生不同時間的大小股市周期，所以用同一基本分析方法去試圖評估股市及個股的估值在某時段是否合理，是不可能的事情。例如恒生指數估值在十多二十年起碼超過20倍市盈率才會出現股災，但今時可能到15倍已經見頂。

投資思維與時並進

在投資領域上，傳統智慧很多時都行不通，投資必須與時並進，學會怎樣去獨立思考及分析，在不同情況下作出調整。世上有很多不同的投資方式，譬如對沖基金的策略就起碼有十多二十種以上，較常見的就有長短倉（Long-Short Equity），事件主導

（Event Driven），環球宏觀（Global Macro），相對價值（Relative Value），風險套利（Risk Arbitrage）等等。這些策略也並非在任何市場情況下都可以獲得理想回報。就算目標回報和波幅較低的相對價值（例如買入同一隻A股及同一時間拋空它的香港H股或者買入同一板塊內股值較低而同一時間拋空估值較高的股份）及風險套利（例如買入宣布已被收購，相對收購價仍有折讓的股份）策略，都可能會遇上虧損。

所以世界上很難找到一種投資策略可以長期致勝和獲得最佳回報。殿堂級的基金經理一般都是擁有過人的閱讀後市或個股能力，配以計算的冒險精神及投資紀律，因此在中長期能賺取高於市場的回報。這些特質的背後其實就是需要具備獨立的思考及分析能力。

股票是接火棒遊戲

散戶在股市上經常成為大鱷的點心，又或者贏少虧多，理由眾多。相對基金，散戶的資金影響力較細，缺乏與管理層溝通及調研公司渠道，不能對公司及管理層作深入理解，更重要的是他們不願意花時間努力去做功課及基本分析，只希望收到必勝貼士，然後短期內立刻獲利，心態就像去賭場買大細一樣。股票某程度上就如接火棒遊戲，要有下家付出更高代價接去自己手上火棒，

才可賺錢。每位接上火棒時，總是覺得自己比下一手早些或知道多些。而輸錢就正正因為自以為是，不知道自己原來是最後一位。不花工夫作研究分析（包括基本及技術），只追求短線貼士者，十居其九都會成為最終接火棒者。

散戶弱點：太早沽優質股

散戶的投資弱點一般是優質股太早沽出，劣質股卻堅決持有不肯止蝕，每次入市都希望博取短線回報，結果變成長線投資。基金經理及散戶升市時跑輸的相同毛病都是就算買中了好股，注碼不夠大，甚至愈升愈沽。要跑贏大市，必須對好股（上升趨勢中）不停加碼，令贏錢的部位不斷增大。

散戶方式可以大概歸納為以下數種：

1）道聽途説式：買股票態度有如買菜，不求甚解，道聽途説，聽到身邊朋友或看到媒體所推介的號碼便飛身撲入，沒有研究清楚自己買入的是甚麼，買貴抑或買平。最糟糕的是起初沒有買，但眼見股價愈升愈有，結果在高位或大戶開始派貨向下炒時接貨。就算買了立刻賺錢，稍賺便立刻賣掉，然後在股價向下炒時愈買愈多，結果贏就贏粒糖，輸就輸間廠。這些投機方式最終必定輸多贏少，成為大鱷最喜愛的甜點。

2）追星式：追隨股評人推介，但對所投資對象無甚了解。媒體上每天被推介的股票隨時上百隻以上，有些股評人每天可能要建議10隻以上不同的股票，很難保證每個建議都經過深入研究。而且大部分推介者連所推薦的股票都沒有持有。就算持有，公眾也無從得悉佔其倉位的份量有多重。假若沒有買入和持具份量倉位（起碼佔其股票組合5%至10%以上），很難證明對推介股份的信念。英諺語有云，"Put your money where your mouth is"，意思是言行須貫徹一致。此外，就是要留意建議的股份是否已經大幅上升，尤其是小型股，需要判斷推介者目的是否配合大戶出貨。

3）動力式：專門追入有主題，熱門及有上升動力的股票，短線可能賺錢，但可能太早套利，又或者逆轉時太遲退出。下跌卻沒有足夠心理質素止蝕，堅持繼續持有質素差的股份。

4）價值陷阱式：錯誤以為購入估值低或股價低迷的股票便是價值投資。大部分這類股份都長期缺乏成交量，就算買，注碼只能有限。很多時便宜是因為公司管治有問題，或者是規模細小，低毛利及缺乏議價能力，沒有盈利增長和業務不能擴大。此類股份因為缺乏基金追捧，買入後股價可能長期沒有表現。投入注碼只能有限，就算表面上回報率不錯，對組合回報實際貢獻有限，付出與收穫往往不成正比，隨時變成送錢入別人口袋。

投資股票難道高，因為股票的行為很多時像寵壞了的女朋友一樣，不能用理性解釋。只要大多數投資者決定同一時間買入或賣出，股價便可能產生不理性的超買或超賣。這些行動可能完全和真實的基本面沒有關係，可能只是市場噪音影響了某些持倉者的決定，而引發其他市場人士跟風。假如對股份的基本面和催化劑缺乏認識或缺少深入研究而產生的信念，便很容易被股價的波幅左右，過早賣出優質股或過遲賣出劣質股。

把握自己的
投資優勢

投資其實猶如比賽一樣，市場上眾多的對手，現在由於有互聯網的普及，相對於 20 年前，個人投資者其實在資訊及公司公開消息發布上，已經取得了不少平等優勢，但基金及機構投資者仍擁有較多資源，兼且全職研究投資。大型基金的團隊內除了專門研究不同行業的分析員外，還有宏觀及技術分析，配合資訊分析系統如彭博（Bloomberg）等，加上直接與管理層溝通的各種會議及路演，有些甚至付款接觸所謂專家網絡（Expert Network），索取更深入的行業資訊。除非你自己本身就業於某個行業，有這個行業獨特的資訊網絡，否則一般散戶很難在資訊上取得優勢，尤其在短線炒賣上，多數吃虧。但由於行業趨勢及個別管理並非由短線消息主導，假如找到中長線高成長的公司，根本無需要理會短期的波幅及市場噪音。認識一些基金經理，太過留意細節，視野太狹窄，把握不著大趨勢，令表現不如理想，例如注重報表上的每一個會計數字或者市場上的小道消息而經常過早將好股票賣掉，對產品規格及公司業務非常熟悉但卻欠缺長期持有的確信力。

學習長線投資

要增加勝算，散戶在投資上必須較專注及長線，用有限時間追蹤最多兩三個增長性或較容易明白的行業，例如科網，消費和公用及收息板塊。長線投資組合需要有某程度上的分散，包括不同行業及地域的股票以減低風險波動性。例如科網股主要用於追求資本升值及高回報，個股波動性一定較大，所以組合內應該加入升幅及波動性較少的公用行業和收息為主的投資信託股票，令組合有穩定現金流收入。此外就是可以投資一些日常生活大家都可以理解及感受到的消費類公司，這些公司可以包括汽車，高端或日常生活必需品，又或者是食品或飲品，但必須是龍頭或者具有品牌的公司。

別花時間在周期性行業

不要浪費時間在太上游（例如原材料和化工產品）或者周期性的業務，因為一般散戶根本無法理解及明白這些行業背後的基本面和催化劑。另外就是減少短線賭博式的投機，將注碼集中在擁有特權式業務和優秀管治的公司。在入市時機上，等待市場出現大恐慌或者每年都可能出現一至兩次的大調整時才買入。此外就是將投資交託給專業基金去管理，這樣做可以減省自己在時間及精神上的壓力。

長線持貨力不輸基金

香港上市公司約有2,020家（截至2017年5月5日），包括主板1,736家及創業板284間。它們粗略上可以分為兩級別，一是市值細小，成交量低，缺乏基金追蹤的中小型股及殼股，估計佔總上市公司數目的六成或以上（市值3億美元以上的主板公司佔市場不到40%）。這類公司的投資者對象主要為散戶或者非基金背景的專業投資者。這類股票不講求基本分析，股價上升主要是炒消息，炒供求失衡，炒賣殼或者炒轉型概念。

基金會分析市場對手取態

其餘被基金或者券商關注的不到五至六百隻股票，股價主要由公司基本因素，宏觀經濟及環球股市資金流向（主要為外國資金）所帶動。當股市處於上落市及成交量偏低時，意味著剩下來的股市參與者將會被逼將注碼更集中在少數具規模，基本面或增長的優質股。由於市場氣氛審慎，基金會極度留意上市公司的盈利前景及猜算股價反映了多少市場期望。所以有時公司業績理想，股價反而下跌，因之前股價已反映了前景；反之有時公司宣布盈警或者差勁業績，股價反而上升，因為基金認為公司最差的時候已經過去，盈利將從谷底反彈。

在這種環境下，基金除了分析公司基本面，還要分析及預測市場上其他對手對該股票的看法，試圖比對手更早一步套利或者入市。但同一時間，因為市場上不同對手具備不同的資金規模及對股票有不同的認識程度及信念看法，所以當市場噪音出現，缺乏信心及信念的投資者便可能被影響作出錯誤行動，例如過早沽出好股或過遲賣出壞股。市場上假如多數投資者相信一個錯誤的訊息，股價便立即下跌，甚至因此引起恐慌而引發更多的拋售。情況猶如撲克桌上，坐著不同類型玩家，包括有實力及缺實力的，專業的及業餘的，以至經驗豐富及缺乏經驗的。彼此需要在遊戲中猜度對手招數，有時又會被虛張聲勢的對手搞局。

散戶沒每月追回報壓力

因為股市流通性相對高，投資者寧願先離場避險。所以假如太在意短線波幅，經常進出市場，必然增加犯錯機會，影響中長線回報，因為無人能做到每次交易皆可以低買高沽。非專業投資者缺乏資源及時間研究，最好不要強求獲得最高短線回報，因為很大可能你就是撲克牌局中的傻瓜。要增加勝算，只可能追求長線回報，最簡單的做法是專注少數擁有特許經營業務及已久經考驗，優秀管理的公司。基金，尤其是對沖基金，因為要追求低波幅及穩定的每月回報，所以不得不作出風險管理，但代價是削減了長線的回報率。但個人投資就沒有這種壓力，應該先衡量自己可以承受最大的風險波幅，然後定出股票投資部分作長線投資。

了解更多市場
增投資勝算

上落市中，由於市場缺乏資金及流動性，及由專業基金經理主導（即低散戶參與度），所以選股能力非常重要，資金傾向集中在少數高質素的增長股及周期性復蘇股。這時候基本分析十分重要，因為股價純粹由1) 盈利增長；2) 或者盈利倒退減速和見底帶動。2017年科網股如騰訊（00700），瑞聲科技（02018）及舜宇光學（02382）屬前者，而澳門博彩股及資源商品股則屬後者。

基本分析如練九陽神功

筆者當了10多年的投行分析師，覺得學習基本分析就有如金庸筆下倚天屠龍記主角張無忌學習的九陽神功一樣，必須累積多年經驗，對行業及個股非常熟悉及明白其商業模式及增長驅動點，才能對股價的走勢及公司的所在周期有所掌握。分析師通常只追蹤一至兩個行業及10多隻股票，但假若沒有浸淫3至5年以上，可能連行業高低周期也未看清楚。作為基金經理，要求更

高，因為投資領域更廣闊，而且除了對個股的認識，還必須具備對宏觀經濟及時事變化的觸覺，才能作出正確的資產配置（Asset Allocation）決定。所以基本分析的訓練是沒有停止的，因為公司業務及宏觀經濟每天都在轉變。基本分析對長線投資有效用是肯定的，但對於預測股價的短線走勢卻不一定有成效。所以投行分析師會經常作出錯誤建議，因為他們的分析通常基於已看見的數據，忽略了市場力量及宏觀資金流向的影響力。分析師由賣方轉型為買方基金經理，都需要有過渡適應期，學習對基本因素以外的股價催化劑作出判斷。

九陰真經：短時間獲高回報

作為專業基金經理，表現是以月回報作為基準，短線回報一定不容許太過落後。所以一個全面的基金經理，除了練得一身好的基本功外，還需要熟悉九陰真經。投資上的九陰真經即是用短時間可獲得高回報的武功，例如炒消息謠言、媒體推介、熱門概念、細市值、市場動力、個股動力、圖表，股票籌碼供求關係等等。九陰真經不需要對個股基本面有深入研究，基本面甚至並不重要。很多散戶熱衷尋求短線高回報，但這些炒法只適用於資金氾濫的牛市。所以在熊市或上落市很少聽到甚麼街坊股神的出現。而散戶往往在牛市高峰時追入消息股，成為大戶散貨對象。

大市回暖，基金經理亦會逐漸加入風險較大的股份，爭取表現。投資者可增加勝算的，就是做好功課，爭取先機，將九陽神功及九陰真經融匯貫通。

非專業投資者，並非全時間觀察股市，所以很難要求具備敏銳觸覺及洞識市場短線變化。但當中長線趨勢明顯出現之時，新聞媒體一定會重覆報道。當市場風險胃納大增，資金追逐中小型股，大家就可以拼搏多些，參照九陰真經乘搭順風車。但記住這些只是短線投機，市況逆轉必須立刻止賺或止蝕。假如市場缺乏炒作小型股氣氛，業餘投資者大部分時間應該倚靠正宗的九陽神功作中長線投資。

上落市不利短線炒作

股神巴菲特（Warren Buffett）曾經說過很多著名投資金句，其中兩句是，"If you've been playing poker for half an hour and you still don't know who the patsy is, you're the patsy." ；"The stock market is no-called-strike game. You don't need to swing at everything — You can wait for your pitch. The problem when you 're a money manager is that your fans keep yelling, 'Swing, you bum ！'

大約意思是:「假如你在撲克牌局中玩了半小時仍不知道誰是傻子(即廣東話俗稱水魚),你就是那傻子。」;及「股市不像棒球賽,不會三震出局。你不需要經常全力擊球,你可以等待出球。問題是作為基金經理,你的粉絲不停在旁邊大叫,要求你擊球。」這兩句名句用於近年的香港市場尤其貼切,因為自金融海嘯之後,外資一直看淡中國,所以香港股市大部分時間都只處於上落格局,加上成交薄弱,散戶參與度亦下降,留下來的活躍參與者,多數為本地基金及專業投資者。

根據港交所(00388)資料，機構投資者已佔港股交投量的73%以上(2014年10月至2015年9月)。由於市場剩下的多數為專業高手，沒有敏銳市場觸覺、公司溝通渠道(Corporate Access)、個股分析力及投資優勢(Edge)的，將難以跑贏大市，更遑論長期正回報。仍戀棧股市的散戶投資者，必須撫心自問，自己是否有足夠優勢及市場心理質素，戰勝市場上其他專業人士。未來假如南下資金比重愈來愈大，市場氣氛及行為將會更難預測及掌握。

由於香港股市及大部分個股都是只有波幅，沒有升幅。假如經常短線炒作，很容易墮入高買低賣的陷阱。市況反覆令市場總體回報下降，基金經理為了避險，減少月回報迴避，亦經常被逼在低位止蝕，結果市場一反彈，基金回報便落後。

私銀客戶轉向結構性產品

股市如果沒有明顯及較持久的升勢，其實很難賺取高回報。和很多私人銀行的客戶經理朋友聊天，過往數年(尤其是每當股市大幅回落之後)，他們的高淨值客人都對投資股票，特別是中港股票或基金，興趣不大。他們寧願買房地產，買債券。較進取的，他們買與股票掛鉤的結構性產品，例如股票掛鉤票據(Equity-Linked Note)，股票累計期權(Accumulator) 或股票累沽期權(Decumulator)。

很多私人銀行客戶於金融海嘯時因為買入後兩者而大輸突輸。但人性是善忘的，因為過去幾年港股都處於上落市，結構性產品變相提供了穩定的回報給投資者，加上其交易佣金非常豐厚，所以客戶經理及私人銀行家都樂於推銷這類產品。當股災再出現時，這些高槓桿及高風險的結構產品造成客戶的虧損，肯定會再度成為頭條新聞。

了解宏觀趨勢擴闊視野

在投資上，假如只是專注單一市場（例如香港）及單一證券產品（例如股票），投資者就有如農夫一樣，極需要倚賴天氣（即市場氣氛）的配合，牛市市旺就賺錢，熊市市淡就虧損。所以要減少風險及主動的增加勝出機會，必須擴闊視野，了解環球宏觀趨勢，認識更多投資市場，例如美國，歐洲及日本等主要發展市場及更多投資產品，例如房地產，債券，外滙，商品，甚至加密貨幣如比特幣。

當然每個人的時候有限，沒可能成為所有領域的專家，最直接的方法是請教專業人士或者委托基金經理管理資產，其次就是從不同媒體，包括外國的新聞網站，留意宏觀經濟發展和科技趨勢。例如美國是科技領袖，多花點時間觀察當地的龍頭企業。要注意的是，沒有經驗而嘗試投資不熟悉的市場或產品時，一定要控制

注碼，讓自己能安心承受逆轉時的波動。高風險的如加密貨幣可能只是淺嚐即止，佔總投資額的一小部分。

香港房價太貴，就留意一下外國，特別是歡迎移民及外資投資的發展國家，尤其是匯價相對美元弱勢的地方如英國。因為港元和美元掛鈎，相對價值較便宜。

1.4

建立確信
戰勝心魔

要爭取組合回報優於大市，選股時必需要有多隻作中長線重倉持有的確信股票。經常作短線炒賣的基金，回報在熊市時尚可能跑贏大市，但在牛市通常會跑輸長線持有的策略。投資者也許都有過這樣的經驗：過早急於把贏錢及高增長的股票賣掉，同時間又不願意把虧蝕和所謂表面便宜，但前景欠佳的股票止蝕，結果導致虧損更深。遇上市況不穩，市場出現大調整時，這種情況更常見。

歸根究柢，太早把好股票賣去的主因是：1) 做功課及對認識公司不足，缺乏信心持有；2) 被帳面利潤誘發賭性，妄想賣去後能在低位時再次購回。讓賺錢股票繼續跑，這句老生常談知易行難。市場的誘惑太多，有時小小的噪音或股價調整，便會驅使投資者急急把手上賺錢股票拋掉。

要戰勝這些心魔，最有效的方法就是建立確信，透過大量研究分析及與行業專家和管理層的接觸來加強信心。當然探訪管理層等

活動普通投資者沒法辦到，只能透過專業基金。弔詭的是，建立了確信，也不一定代表看法一定正確。世界上無百發百中的投資，成功者皆因長期命中率較高。

要決定何時買入一隻好股票，通常比決定何時賣出容易得多。買入的原因一般很簡單直接，可能是估值便宜，可能是某些催化劑，可能是行業前景秀麗或該主題大受追捧。賣走好股票的決定便困難很多，好股票永遠不會因為估值過高而遭遇拋售。好股或增長股由高峯回落，通常由於：1）增長速度開始放緩；2）管理目標指引不能兌現，引致市場失去信心；3）公司管治出現問題。要確定頭兩點並非易事，因為公司可能不過經歷短暫放緩，長線仍然保持增長動力。要成功判斷公司的業務周期，絕對需要對行業深入研究了解。

心理質素定投資成敗

太投入相信某一股票後（尤其是小型股），可能帶來另一危機，就是不知不覺與該股票談上戀愛，結果可能很多盲點都看不到，一個不好，最後演變成長相廝守。經驗淺的分析員和基金經理最容易犯的錯誤就是太輕易相信管理層。和管理層混得太熟，或許會忽略或接收不到一些明顯警號，甚至覺得不好意思沽售其股票。而作賣方分析員的，和管理層交情太深，會不忍發出負面研究報

告，又或者害怕破壞和公司關係，被管理層排擠，被冷淡對待
（例如被公司拒絕參與路演邀請，甚至開會溝通）等等。

若想成為出色的基金經理，必須有點人性分裂，既要熟悉管理
層，保持緊密聯繫，了解公司動態，又需要鐵面無私，能隨時作
出客觀果斷的沽售，甚至拋空的決定。成功投資者並不是單靠聰
明智慧，更關鍵的是心理質素及情緒控制。

配置得宜免影響現金流

要令自己投資安心，必須了解自己財務及可承擔風險的能力。年輕人的投資可以多放些在較高風險的資產類別，例如股票甚至小型股，但仍需控制注碼，就算虧損了也不會弄至財困。年長人士需要配置大部分投資至回報較穩定的產品，例如債券，平衡基金或者藍籌股。追逐高回報必須承擔高風險及波幅，但只要在配置比例上得宜，就算出現黑天鵝事件，也不需擔心影響日常生活及現金流，這樣就不會魯莽地在市場最低迷時沽售已經被低估的股票或投資產品。

Chapter 2
個股投資訣竅

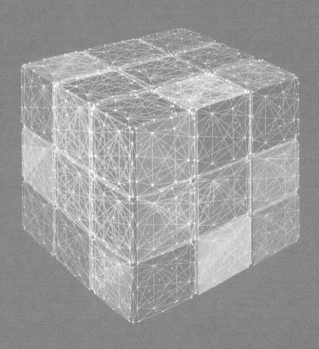

2.1

投資中小型股
先看大股東

過去數年有一半時間以上，奉行價值投資法的基金大部分都跑輸大市或錄得虧損。相對地，以動力交易（Momentum Trading）或追蹤趨勢（Trend Following）為策略者似乎則獲得較理想回報。簡單的解釋，前者買價值便宜的股票，甚至愈便宜愈買。後者則追求短線趨勢，愈升愈買。價值投資往往在短線吃虧，但長線看準的話，配合適當催化劑及上升業績，理應是提供最高回報的投資法則。經歷股災或熊市期間，價值投資往往失效，因為投資者被短期的業績或負面消息主導著情緒，大家都不願吃眼前虧。

中小型股易受投資情緒影響

基金也往往受回贖壓力及每個月底的回報紀錄左右，而逼不得意而作出較短線的投資策略，個人投資者反而不受約束及有較強的持倉能力，可以作較長線的投資決定而不受短期股市波幅所左右。中小型股（通常市值少於10億美元）限於流通量不足，其估

值尤其受投資情緒所影響，因為大部份基金都不願意在熊市中持有缺乏成交的股票，視它們為價值陷阱。

持小型股須有耐性

坊間雖然有不少單位數市盈率而具備雙位數字盈利增長又或對資產有大折讓的小型股（例如工業股或者小型地產股），對一般散戶來說，投資小型股可能風險仍然太大，因為散戶一般都不太知道這些管理層的質素和營運模式。投資流動性低及估值低的小型股，必須抱有長線的時間耐性。就算真的投資，注碼也不能太大，因為大市必須進入牛市，這類公司才會有機會得以被重估。

了解大股東願否分享利益

基金經理除了看業績及基本面外，公司管治紀錄通常決定該股份是否值得成為長線投資對象。大股東及管理層是否擁有做大做強的鬥心非常重要，直接決定了中小企業將來能否躍升為大型公司。有爭勝心，也要看大股東是否有胸襟唯才是用，願意起用及獎勵（例如透過期權或分成）家族成員以外的專業行政管理。很多小型股難以成長，因為大股東太過斤斤計較，對能幹的下屬太過吝嗇或不捨得招攬人才。

此外，好些小型股因為業務難以擴大及維持增長持續性，加上做實業是賺辛苦血汗錢，所以大股東和管理層寧願在資本市場上靠玩弄財技致富。負面例子如，對前景只報喜不報憂，製造故事誤導市場，趁業績高峰時配股減持，無理由地頻繁增發，透過關連交易套現等等。

管治欠佳 難成基金長線愛股

有些大股東心態永遠是賺到盡，不留任何利益空間給其他投資者。基金經理受傷過一，兩次後便會遠離這些公司。日子有功，當市場對該公司管理層蓋棺論定，其估值日後便難以提升。

所以就算估值便宜，但公司管治紀錄欠佳，一定難以成為基金長線愛股。正因為沒有長線基金持股，所以這類公司估值繼續維持低迷。所以沒有 5 年以上的業績，很難有足夠的往績來判斷公司大股東及管理層的為人及處事手法。

四類小型股
具上升力

投資小型股最引人入勝的地方，就是看對了股價可以於短時間內大漲；但看錯的話，反之亦可以於短時間內大輸。中港市場內十之八九的小型股都只能短線炒賣。有上升能力的小型股大致可以分為四類：

1）靠財技炒供求和消息概念。炒這類股份，基本面並不重要，因為股價上升純靠貨源歸邊，配合特殊概念或者收購合併消息炒上。每次市場周期轉為熱熾，風險胃納上升時，這類小型股便開始活躍。要增加勝算的竅門是，必須在市值細小時及早段上升時買入，同時不可太貪心，及千萬不要在調整時貪平撈底。寧買當頭起，莫買當頭跌是投機這類股份的戒律。

2）周期性或政策性。很多小型股業績突然轉好，可能並非因為管理了得，而是行業變得景氣，原因可能受惠國家經濟政策轉向或者商品周期復蘇，又或者突然接獲大訂單。假如業績改善純屬周期性，其盈利增長多數不能持續，所以估值很難被大幅重估。這

類股份頂多只能作中短線投資。例如2017年開始，商品價格復蘇，很多小型的金屬，煤炭及水泥公司業績都得以改善。

3）**估值追落後。**當市場牛氣沖天時，所有落後但欠基本因素的股份都會被重估，但當市況逆轉時，這批股票也會首先被拋售。例子是內地三四線的房地產股。2017年一些二線的內房股，包括恒大（03333）及融創（01918）被內地資金追捧，估值大幅提升，整個板塊的市盈率短短9個月由單位數的5至7倍上升至12至13倍以上。跟著一些落後，業績稍差或規模較少的三四線公司亦開始被重估。

4）**擁有特許權業務及優秀管理層。**擁有獨特的科技，專利，客戶平台或品牌，加上管理層能不斷創新及開拓新市場，及擁有優秀的公司管治紀錄。這類股份通常成為基金愛股，享受較高估值。只有少數小型股能脫穎而出，成長為中型股，甚至大型股。相對舊經濟業務，科網類公司一般較大機會突破。

舜宇光學5年才冒起

除了上述第4類公司，其餘的只適合作短線投機，時間性可能短至數天，很少可以超過一年。而第4類公司，也需要經過多年驗證及磨練，才能被市場認同。例子之一是舜宇光學（02382），公

司早在2007年6月上市，但業績及業務起初沒有甚麼重大突破，股價長期在招股價以下，一直到了2012年，因為新管理者上任，而公司高管透過僱員信託公司成為受益人，加上內地手機廠規模日漸壯大及公司的科研產品開始進入市場，業績自2012年開始蒸蒸日上。舜宇光學的成功就是因為擁有進取的管理團隊，自家的科技與及處身於高增長的行業。天時地利人和互相配合下令公司在短短數年內高速成長。

爭取高回報
必須增加風險

投資組合要爭取高回報，在策略上不外乎幾個方式，但基本上都
必須與風險掛鉤：

1）運用槓桿（即融資或香港所謂的孖展 Margin）：透過券商提供
的融資，將投資額放大買入股票，或者購入期貨產品如期權，期
指，結構產品如差價合約（Contract for Difference），以至槓桿
基金如雙倍或者三倍槓桿交易所基金（Leveraged ETF）等。更進
取的是槓桿上再槓桿，即利用融資（孖展）買入上述槓桿或結構
產品。當市場處於上升軌，槓桿是最簡單直接地提供額外回報的
方法，但市場泡沫形成亦往往由於投資者過度利用槓桿，漠視風
險，當新流入市場資金開始萎縮，金融機構收緊信貸或市場出現
負面甚至黑天鵝消息時，缺乏實力的炒家便被逼一窩蜂的斬倉及
去槓桿，造成市場下墜漩渦。使用槓桿時，要有心理準備自己能
承擔額外的風險，有能力負擔當市場逆轉時造成的不可預見虧
損。槓桿投資背後的產品一定需要具備足夠流動性，因為當市場
下墜時，可以及時減持或止蝕。

2）集中注碼： 就算選對了股票，但假如注碼太細，對整體組合回報幫助也不大。假設組合內有30隻股票，每年能找到5隻大幅度上升已算成績不錯。要組合跑贏大市，這5隻比重一定要夠重，例如每隻佔10%以上。基金的策略一般是對上升及優質的股票不停加碼，而非減持。無可避免，當個股佔比重增高時，組合波幅及風險亦同時上升。例如開始建倉時每隻有強烈信念的股份都起碼買入4%至5%，當有調整或有正面消息（例如業績）時再加注。

3)增加中小型股比重:組合假如只持有藍籌股,回報難以超越指數。加入優質中小型股可能提升回報,減少組合與大市的關聯,但弱點是減低了流動性,及增加波幅。一個較平衡的組合,中小型股可能佔10%至30%之間,視乎投資者的年齡及個人風險承受程度。

投資者期望增加回報,必須有心理準備承受更多風險,更大的短線波動及可能帶來的虧損。對沖基金有時利用槓桿(包長倉加短倉)增加回報,假如淨長倉(即總長倉減去總短倉)比例超於100%(1倍),風險及波幅亦會相應增加。追求回報較穩定的對沖基金策略通常都會將淨長倉維持在100%內(例如60%可等於100%總長倉減40%總短倉)。有些市場中立(Market Neutral)策略的對沖基金甚至將淨長倉維持在接近零水平(例如60%總長倉減60%總短倉),這類策略追求極低波幅及正回報,但目標並不是追隨或者跑贏指數,所以一般回報率會較低。

發掘
具染藍潛力股份

大部分上市公司都希望有朝一日能獲選成為恒生指數成分股。成為藍籌股不單是身份象徵,最重要的是獲得市場認同其管理層質素。成為指數的代表,又可以吸引更多國際投資者關注及主動與被動基金追蹤。雖然恒指成分股由以往(2006年3月前)的33隻增加至今天的50隻,但覆蓋的港股市值大致上仍然是6至7成左右(2017年3月底約為56.6%)。因為香港的產業單調,以往恒指一直偏重本地地產及銀行股,現在多了中國元素,但金融類相關股份(銀行,保險加地產)比重仍高於57.4%以上。假若是民營企業及非金融相關,要成為藍籌股並非易事,因為市值及利潤一定要達到某一個規模水平,加上足夠管理業績紀錄,才能有資格獲選。換句話說,上市公司必須稱得上擁有特許經營業務(Business Franchise),才能符合資格。

借鏡瑞聲、吉利染藍之路

於2016年9月及2017年3月加入恒指的瑞聲科技(02018)及吉利汽車(00175)，分別取代了康師傅(00322)及利豐(00494)。雖然變動時間上有點差異，但某程度上，亦反映了新經濟取代舊經濟；中產階級消費增長取代了大眾消費增長。

從公司的基本面上分析，它們可列入為擁有特許經營業務的公司，以下從不同角度找出這兩家公司被市場垂青的理由：

1) 利潤及市值到達規模水平。瑞聲及吉利已經上市多年，由小型股成長為現在市值超過1,349億港元及911億港元的公司。兩者均擁有10年以上的業績紀錄，而且最近五年盈利增長強勁(年均增長達40.2%及25.8%)。兩者的2016年純利均已突破40億人民幣水平。以香港上市的民企來說，能達此規模者實在非常罕見。作為高增長的科技股，瑞聲的估值雖然已達23倍，但不排除仍然有提升空間。

2) 擁有自家科技或品牌。瑞聲由開發微型聲學器件發展至觸控馬達，無線射頻及光學各分部之最新微型技術器件，並且能成為蘋果主要供應商之一，證明科研及技術含量已達世界水準。擁有自家開發科技，所以能長期保持毛利率在41.4%以上。

圖表2.41　吉利汽車(00175)兩年股價圖

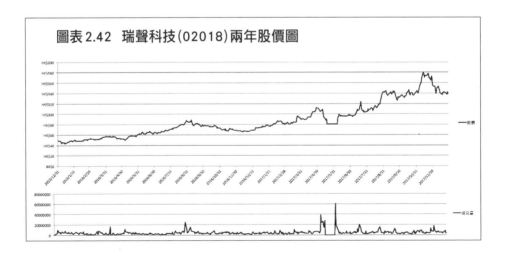

圖表2.42　瑞聲科技(02018)兩年股價圖

吉利擁有自家汽車品牌及銷售網絡，並於2017年第三季推出全新中高檔品牌「Lynk & Co」，未來毛利水平可望突破現時的18.3%。因為兩者擁有核心技術及品牌，所以其產品可保持價格競爭力。

3）業務具放大性。瑞聲是設計科研公司，隨著產品領域擴闊，供應給蘋果及其他品牌手機的零部件佔有率可以不斷提升。加上手機市場龐大，更換周期短（大部分人每一至三年便更換一部智能手機），所以增長潛力巨大。

汽車是除了房子以外最高價值的消費品，市場同樣非常龐大。吉利可以憑同一銷售網絡及品牌，開拓不同型號及品種的汽車。

4）積極投資者關係。筆者曾經多次和吉利汽車的管理層及投資者關係溝通。憑多年經驗判斷，吉利是最樂於接見投資者，最熟悉公司業務及最有自信心的團隊之一。吉利股票交投非常活躍，是有其原因的。積極推動專業的投資者關係加上優秀的基本面，令大部分拜訪過公司的投資者都願意參與交易。

5）良好的公司管治及管理層。瑞聲自2005年上市，而吉利自2003年借殼上市。兩家公司過去很少胡亂在市場集資，而且過去10年每年均有派息分紅。前者平均派息率為37.8%，而後者則約13.6%。

瑞聲上市後大股東曾經在 2006 年，2010 年，2012 年及 2015 年配售舊股（約共 26.98 億港元），並沒有增發過新股。而吉利過去 10 年曾經在 2003 年，2004 年，2007 年，2009 年，2012 年及 2013 年配股。於 2006 年至 2016 年之間，瑞聲一共向股東派發了 65.9 億元與及回購了 1.5 億元股份。總的來說，瑞聲過去回饋股東的現金比集資額超過 6.8 倍以上。吉利於 2003 年至 2016 年間向市場配股集資了約 70.2 億元，而同期（自 2004 年起分紅）向股東派發了 28.8 億港元。吉利管理層曾經表明因為現今現金流強勁，未來分紅比例將會提升。

在過去時間，兩家公司都擁有不錯的公司管治聲譽。

6）股權獎勵方案。吉利管理層（約 12 位）持有超過 3.4 億股未行使的期權，約等於股本的 3.82%，由於行使價已經在市場價內（分別為 2.79 元及 4.07 元），所以管理層絕對有足夠奮鬥動力。

7）穩定長線基金股東基礎。世界最大的互惠基金之一 Capital Group 持有瑞聲 13.08% 股份，過去亦曾經多次於瑞聲股價處於低位時增持，對股價提供了穩定性及提升了市場信心。

科技公司尤具染藍潛力

筆者早在2017年5月已經表明，假以時日，有數家科技增長型公司如果繼續維持雙位數字增長，可有條件晉身成為恒指成分股，包括ASM太平洋（00522），舜宇光學（02382）及比亞迪（01211）。而恒生指數有限公司於2017年11月13日宣布將舜宇光學由12月4日起納入恒生指數，成為成份股之一。此變更肯定了舜宇光學的市場地位，亦可說是眾望所歸之舉。

恒指要擺脫舊經濟低估值的包袱，一定要納入更多高增長的科網公司。現時（2018年初）恒指只有騰訊（00700），瑞聲、聯想（00992）及舜宇光學四家科技公司，佔指數總市值不到12.2%，實在小得可憐。

圖表2.43　舜宇光學(02382)兩年股價圖

新經濟商業模式

勝者為王

在眾多的投資板塊裡面,筆者一直對互聯網公司情有獨鍾。新經濟的商業模式具備極高放大性及營運槓桿,一旦擁有規模及領導性的市場佔有率,利潤率可以急促直線上升。最大挑戰是前期須投放大量資金爭取客戶人數及市場佔有率,假若中期不能突破至規模效應,一切投資可能報銷。

互聯網公司具放大性

互聯網另一特色是勝者為王(The Winner Takes It All),通常領袖可以賺取絕大部份市場利潤,第二名的只能獲取微利甚至虧損。美國擁有全世界最大的互聯網公司,大家只會認識龍頭公司如搜尋為主的谷哥(Alphabet,GOOGL),社交網絡面書(Facebook,FB)或電子商貿亞馬遜(Amazon,AMZN),因為它們在各自的領域都擁有極大份額,所以市盈率高達數十倍甚至百倍以上。對這些已被市場證明有能力不斷創新的增長公司給予一

個絕對估值是非常困難的。只要它們可繼續開展新領域，高估值就可以得以維持。

移動上網成新戰場

以往互聯網的戰場是電腦，近年隨著智能手機的流行，戰場已經逐漸轉移至手機上網的相關商業模式。手機的戰場將會比電腦更大，因為全球手機數目比電腦約高4倍達60億台（17.3%為智能手機）。手機的限制是屏幕太小，所以不能像電腦靠打廣告為主要商業模式。從營運模式來看，銷售平台最具放大性（故此阿馬遜的估值亦最高），iTunes Store因為沒有獨立上市，所以難以評估其真正盈利能力，但相信一定非同小可。據蘋果（Apple，AAPL）2017年首三季業績報告，其服務收入（包括iTune Store）佔總收入的12.2%或214.8億美元，相信iTune Store可能是現今世界最賺錢的移動手機收入相關業務。

中國科網股要獲高估值非難事

中國科網公司中，新浪（SINA）的微博及騰訊控股（00700）的微信分別擁有逾3.61億及9.63億活躍用戶，前者開拓網上直播及廣告，後者則利用微信平台，發展理財、微信支付，遊戲平台，電

子商貿及廣告業務。擁有規模及高增長的活躍用戶量非常重要，因為公司可以透過用戶黏性，不斷推出新產品或開拓新的收入模式，創造新價值，因此令股價估值繼續提升。

騰訊是繼開發網上付款平台「財富通」，與阿里的「支付寶」作正面交鋒後，其後又開拓微信理財平台「理財通」，與阿里的「餘額寶」一較高下。兩者均看到金融行業的巨大潛力，希望利用網上優勢，蠶食傳統金融機構的市場份額。

美國金融業發展成熟，行業細分成不同專業範圍，一般科網公司，如易貝（eBay，EBAY）需透過收購 PayPal 進入電子支付。反之，中國市場尚未成熟，所以阿里及騰訊等，可藉其規模開拓其他新領域。假若中國科網股能夠不停創新，以中國的經濟規模，獲得超高估值並非是匪夷所思之事。

2.6

亞馬遜的
創新顛覆

神級對沖基金經理德魯肯米勒（Stanley Druckenmiller）說過，亞馬遜（AMZN）及谷歌（GOOGL）是最具科技創新的公司。前者於2014年初註冊了一項名為「預先付運」（Anticipatory Shipping）的專利，主要透過軟件系統，分析客戶購物習慣及搜索數據，預測顧客購物行動，從而預先將包裝好的產品提早付運至顧客居住範圍內的運輸中心，縮短客戶由購買至接收貨物之間的時間，提升顧客購物經驗及滿意程度。亞馬遜認為，購物至收貨之間的延誤，是網購發展的最大障礙。

戰線擴至英德日澳星

自2007年，亞馬遜已經開始於美國透過網上配送新鮮食品及雜貨，侵佔超級市場份額。近年甚至將戰線擴展至英國，德國，日本，澳洲，以至新加坡。

2013年12月，亞馬遜首席執行官貝佐斯（Jeff Bezos）接受美國
CBS「60分鐘」訪問時透露，計劃於5年內推出小型搖控八爪直升
機（Octocopter）送貨服務，令貨物於30分鐘內運送至客戶家中。
2016年3月，亞馬遜推出了7款自家時裝品牌，銷售超過1,700不
同品種。大部分衣服都定價於100美元以內，直接與中低價時裝
品牌競爭。分析員估計其毛利率可能高於市場平均率兩倍。2016
年5月，亞馬遜積極研究進軍利潤豐厚的配方藥物市場。事實
上，亞馬遜已經開始於美國銷售醫療補給品及器材。

零售店的噩夢

亞馬遜2017年6月宣布以每股42美元，總值137億美元作價收購
有機食品專門店Whole Foods（WFM）。以2016年食品雜貨業營
業額計，擁有460間店的Whole Foods全美排第10。消息公開後，
亞馬遜股價當天上升了2.44%，同一時間，大部份與食品零售業
有關的股份均大瀉，包括巨擘沃爾瑪（WMT）下跌了4.65%。亞
馬遜絕對是所有線下零售業的噩夢，過去數年已經逐漸侵蝕了許
多巨型百貨公司及超市大賣場的市場佔有率，令後者的業績及股
價江河日下。沃爾瑪因為自身受到威脅，告訴其合作夥伴及供應
商應停止使用亞瑪遜的雲端服務及基建。

即日送貨　兩小時內送到

亞馬遜厲害之處，當然是它不停推出的顛覆性創新營運模式，更重要的是它強大而迅速的執行力，尤其是其物流配送。亞馬遜之所以能成功推倒根深蒂固的線下行業龍頭，除了價錢具競爭力外，它的 Prime Now 送貨服務，可以做到在當天一至兩個小時內，立即將貨品送到美國超過30個城市內消費者的家中。加上快速的退貨服務，令消費者足不出戶，便可以購買到大部分日常用品以至食品。美國及西方國家大部分地方人煙稀少，購物必須架

駛私家車到老遠的商場，來回時間起碼超過一至兩個小時，冬天遇上暴風雪就更麻煩。對於沒有私家車的低收入人士及老人家，亞馬遜提供了極方便的購物服務。

亞馬遜收購線下零售店，可以加強協同效應，除了增加貨源及採購規模效應外，零售點可以立即成為存貨及配送中心，進一步提升送貨速度。有分析師認為亞馬遜下一個收購目標可能是線上餐廳食物運送公司。

推新平台　7日免費試衫

收購Whole Foods的消息不過數天後，又傳出亞馬遜將會推出Prime Wardrobe, 消費者可以在網上購買不同品牌的衣服。據報道，Nike(NKE)以往只於線下渠道銷售，亦會開始將部分產品放在亞瑪遜平台上作直接銷售。Prime Wardrobe服務的特色是消費者可以用7天時間免費試穿衣服及鞋履，試用期完結時退貨愈少，就可以獲愈多折扣(保留3至4件可享九折，5至6件可達八折)，而退貨部分可豁免上門回收運費。消息一出，百貨業股票又再遭一輪拋售。

不停顛覆　遇敵殺敵

2017年10月，媒體報道亞馬遜測試一全新運送服務，可減少倉庫的擁擠及將其兩天運輸延伸至覆蓋更多產品。消息傳出後，美國快遞公司如FedEx（FDX）及United Parcel Service（UPS）的股價立即受壓。此外，又有報道指出，亞馬遜幾乎肯定會進軍每年銷售規模高達5,600億美元的處方藥品分銷市場。同樣地，藥品零售商如Walgreens Boots Alliance（WBA）等的股價立即下跌。

亞馬遜厲害之處是它擁有的規模及科技優勢，令它可以不停地顛覆其他傳統零售商的業務，透過繼續創新，它的擴展是一個接著一個。所以市場願意持續增持，給予其高估值的評價。

創新影響短期利潤

亞馬遜是美國的科網龍頭股，市值超過4,570億美元，預測市盈率高達180倍。市場願意付出天價估值，除了它擁有美國最龐大的電子商貿平台外（全球活躍用戶超過3.1億人，包括8,000萬Prime Service付費訂戶），更因為其前衛的營運模式及管理方法。有研究機構Statista指出，付費訂戶每年平均消費達1,300美元，遠高於非付費訂戶的700美元。

很多價值投資者認為亞馬遜估值過高，純屬泡沫。其盈利偏低，主因是它不斷把成熟業務的現金流再投放至創新領域，假如公司減慢或停止投資，公司將立刻變成高毛利的現金牛。投資創新雖然短期缺乏回報，卻為公司建立未來增長引擎。公司持續大量投資在付運中心，雲端數據中心，視頻內容，即日速遞（包括蔬菜），新電子產品如平板電腦及智能手機。

成為線下零售殺手

亞馬遜的發展，可看到網上書店進化成包羅萬有的電子商貿平台，以至科技產品品牌。除了在價格及產品範圍上有優勢，它一直針對提升遞送速度，希望藉著更佳購物體驗增加客戶黏性。假若「預先付運」成功，將可幫助公司提高庫存管理效率，減低運輸成本，從而增強競爭力。因為亞馬遜在零售領域的極強的競爭力及快速物流服務，近年美國大小百貨公司及零售巨擘例如沃爾瑪（WMT）業績均受到影響，很多百貨公司收入大幅倒退，需要大規模關店及重組業務。亞馬遜勢力厲害之處是它不斷擴充所覆蓋領域，用價格，服務及物流（最快時間送到客戶家中）優勢將傳統行業對手逐個擊倒，成為線下零售業的殺手。

阿里巴巴（BABA）及騰訊（00700），也是透過更新營運模式和收購合併擴展其生態系統，兩者並均不約而同地入股物流公司，藉此加強配送能力，鞏固電子商貿的領袖地位。

2.7 抓住擁特許權業務企業

港股自2010年開始一直在上落區間徘徊，除了因為宏觀問題外（即中國經濟放緩），另一最大缺欠是市場缺少擁有特許權業務（Business Franchise）的公司，大部分指數成份股要不是低增長（如內銀），就是周期性極強（如商品或房地產）。成份股缺乏增長，指數當然難以突破。

基金的長線對象

擁有特許權業務的公司是基金經理夢寐以求的長線戀愛對象。簡單地說，她們在業務上必須有足夠護城河，持有自家品牌或技術，能經得起不同經濟周期考驗而繼續持續成長。筆者認為該等公司必須符合以下條件：

1）上市業績紀錄：除非上市一刻已經擁有藍籌級數的規模，中小型企業必須有5年以上業績紀錄，投資者才會有較足夠財務數據及公司管治歷史，作為參考判斷。

2）一定的市場佔有率，盈利及市值規模：規模及市場佔有率細小，隨時受競爭者衝擊。市場佔有率到達某水平（通常超過30%），經濟規模（Economies of Scale）效應出現，成本大降，競爭者便難以進入市場。中國作為新興市場，一般民營公司利潤規模不大，但筆者認為盈利需要達到10億人民幣和市值超過10億美元才算有點規模（包括業務及市場流動性）。

3）定價能力：單靠代工收入，從事組裝的工業公司，或者靠打價格戰者一定不入此列。擁有定價能力者，必須建立自我品牌，或者坐擁自家開發的獨有技術，又或者能不停創新及開發科技產品者。換句話說，其產品及服務必須能達到獨一無二。另一類就是某些受國家保護行業的國企，因為擁有壟斷性地位，所以國內外競爭者均不能挑戰其地位。

4）業務放大性：很多硬件科技公司必須要不停增加資本性開支（Capex），興建新廠，才能保持競爭優勢，所以自由現金流（Free cashflow，即營運現金流減去資本開支）長期出現負數。此類公司通常受制於經濟周期，業績難以保持穩定，業務難以於短時間內放大，故估值也難以突破。高估值的科技公司一般都是業務放大能力（Scalability）強者，如軟件開發商，半導體設計商，或者是擁有用戶平台的互聯網公司。此外就是擁有品牌者，她們可以將低經濟效益的生產工序外判，事注市場推廣，將產品定位及售價提升。

5）積極的管理獎勵架構：積極進取的公司必須有完善的管理獎勵架構，所以民營企業比較有彈性及優勢。筆者看到少數能做大做強的公司，都是由於專業管理層擁有股份或股權，或者公司有清晰的獎金分紅方案。經歷管理層買斷（Management Buyout）的公司，大多數之後都能創出理想業績。

6）良好的公司管治：少於5年的上市紀錄，很難確定大股東是否保障小股東權益。例如公司賺錢是否願意分紅或回購股份，大股東是否願意在低位增持，管理層是否胡亂增發配股或者從事難以

自圓其說的關連交易等等。

7）積極的投資者關係工作：大部分基金都不會長期持有透明度低或者不願意接見投資者的公司。要獲得基金垂青，公司必須僱用主動及熟悉公司業務的投資者關係團隊或財務總監，向投資者定時解釋業務方向及財務。

能擁有以上各項元素的中港上司公司少之又少，假如有公司開始符合大部分以上條件，大家便要抓住不放。

分紅
是硬道理

高息股於低息年代大部分時間跑贏大市。無他,在超低息環境下,加上宏觀經濟前景不明朗,投資者皆尋求回報穩定及有保證的投資工具。過去數年高息及點心債券的大受歡迎及賣過滿堂紅就可見一斑。

小型地產股折讓必有因

香港小型地產股股價一向相對資產值有極大折讓,主因有:1) 盈利增長不穩定,業務過於周期性;2) 公司只坐擁資產,缺乏鴻圖大志;3) 更糟糕的是大股東永不分紅,資產值只代表紙上富貴。筆者數年前曾經拜訪過一家股價低迷的小型內房股,公司從2010年度開始終止分紅,市值曾經比手上淨現金還要低10%,當時市帳率只有0.48倍。這家公司十多年前曾經是香港首批及市值最大的內房股之一,但現在則變成最小的幾家之一。財務總監坦言說公司過去幾年策略保守,沒有積極在國內爭取土地儲備,項目銷

售完畢寧願保留現金，2010年開始對經濟前景看淡，所以連現金分紅也停止。對於將來發展，公司仍然會保持慎重，既不會高價競投土地，也不會分紅或回購增持。

價值陷阱股要等牛市才能翻身

那麼不如乾脆私有化吧？也不會！因為大股東想保持上市地位。上市代表身份地位，加上大股東日常開支都可向公司報銷，所以很多時他們都不願意退市，而小股東就只有歎沒奈何。這種公司

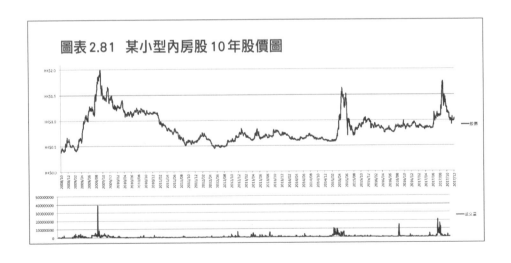

圖表2.81　某小型內房股10年股價圖

是典型價值陷阱，每次當牛市氣氛好轉，內房板塊大熱，報章才會有股評在推介。平時是零成交，牛市時一天可能有數百萬港幣成交，但當內房股一旦調整，成交一萎縮，就算是散戶也沒法跳船逃生。因公司缺乏發展大計及分紅，業績又長期低迷，所以一直難獲長線基金垂青，大部分投資者都是炒短線，所以估值每次升幅都有限。

這家公司每逢牛市便會有媒體作出推介（例如2015年第2季及2017年第3季），但過去就算市旺，股價最多衝刺兩三個月，之後便無以為計，打回原形。高位追入的可能要等數年後的另一牛市才有機會翻身。

2.9

變賣資產消息
未必成事

怡和集團旗下，於全球20個國家營運30家酒店及8間住宅項目的文華東方酒店國際有限公司（Mandarin Oriental）（新加坡上市代碼：MAND SP），2017年6月5日宣布考慮出售位於銅鑼灣有869房間的香港怡東酒店（Excelsior Hotel）。

早於2015年4月，屋宇署批准酒店改變用途，重建一幢26層高的商廈，總樓面超過68萬平方呎。目前香港的商廈估值偏高，香港怡東酒店是集團旗下唯一不以「文華東方」命名及唯一的非五星級酒店。由於商業樓宇價值遠高於酒店，估計怡和有意試探市場收購怡東酒店的興趣及其價值。

憧憬交易帶來厚利

怡東酒店位處旺區銅鑼灣，享有香港少有的海景，而中資機構特別喜愛於臨海地區設立辦公室，加上中環美利道等成交破頂，市

場相信競投者必定踴躍，平均售價呎價將達3.5萬至5萬元，估值最高可能高達342億港元。6月2日文華東方股票市值只有306.7億港元（股價1.489美元），消息宣布後，股價拾級而上。9月15日有媒體傳出文華東方已獲得至少5名潛在買家興趣及作價起碼300億港元，其中包括新鴻基地產（00016）及希慎興業（00014）組成的財團。9月22日，市值達一年高峰的578.9億港元（按股價2.81美元，比宣布消息前上升了88.7%）。9月27日，文華東方宣布決定暫時終止出售怡東酒店，拖累股價重挫28%至2.01美元。文華東方指出未收到符合價錢條件的標書，或考慮不同方案，包括自行重建商廈。

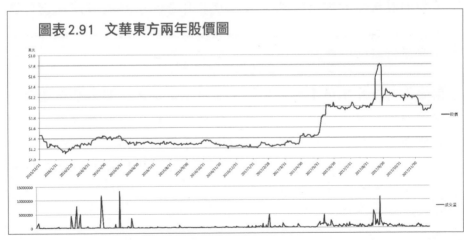

圖表2.91　文華東方兩年股價圖

值博率低風險不小

出售資產的消息公布後，身邊很多基金朋友及專業投資者買入了文華東方，因為出讓資產後所套現金，估計比其宣布前的市值還要大，假如公司派發特別股息，股價必定反映分紅部分。筆者研究了一會，覺得潛在風險遠高於回報，因為：1) 市場憧憬中資買方會出天價買入，關鍵是最近數月中央政府已經開始嚴控中資於海外併購資產，所以願望成真的機會不大；2) 由於文華東方叫價頗高，市場擁有該等實力的買家並不多。以往一些華資放賣香港酒店，例如新世界發展 (00017) 於 2001 年以 3.46 億美元變賣尖沙咀麗晶酒店，亦需時數年以上時間才找到買家。就算短期內成功賣出，真正成交套現最快也可能一年之後。市場太樂觀，一廂情願的看法令股價已反映了大部分上升空間；3) 就算成功出售資產，管理層亦不一定會大比例或者派發任何特別股息，故此股價相對淨資產值仍然會存在頗大折讓。

由傳出有買家出價至終止出售，前後不足兩周，要不是潛在買方作價過低，或者媒體報道失實，就是賣方根本沒有誠意出讓或者叫價期望太高。管理層戲弄了市場，令投資者錯愛，忽略了交易的執行風險。結論是除非是內幕人士，炒賣這類變賣資產消息的事件交易值博率實在並不吸引。

Chapter 3
避開價值陷阱

3.1

不應堅守
價值投資

2017年港股的特色是強者愈強，弱者愈弱。每次當強勢股創新高而試圖買落後或者估值低的股份時，虧損或跑輸大市的機會都極大。恒指成份股之中，最落後的是石油及石化板塊。筆者曾在指數上升時追落後買入，最後都要放棄止蝕離場。落後股的特色是：當指數創新高時，它們才會稍動，但當指數調整時，它們隨時回落得更快，故每次追落後時都差不多是見頂之時。強勢股則不一樣，估值雖然高，但每次短暫調整後，股價又創造新高。價值股要翻身，一直需要配合催化劑或者盈利有顯著復蘇跡象，股價低及落後並不是真正買入的理由。

增長股市盈率愈高愈有

強勢股不停創新高，因有龐大的基金及機構投資者願意長期持有，且不斷增持。強勢股成為基金寵兒，因為這些公司的管治已被認同，基金放心買入不怕被欺騙。此外，它們能夠交出亮麗及

持續高增長的業績，或者已成為行業龍頭。業績處於高增長期，基金不介意付出高估值增持，因為平均成本價一定較低，而且所持倉位隨著股價上升愈來愈大，回報貢獻也更大，所以基金願意於股價上升時增持。反之，弱勢股通常因為基本面或者公司管治不濟，所以缺乏長線基金支持。投資者追落後心態只為博取短期利潤，就算估值低，大部分基金也不願意長期持有，因此股價永遠跑輸。

明白基金操作的方法，便不要頑固死板地堅守價值投資，只敢買入落後或市盈率偏低的股票。被市場認同是優質的增長股，市盈率永遠都會高人一等。當增長股的估值回落，很可能也是它們高增長期已過去之時，那刻可能應是沽出而不是買入。

板塊龍頭與龍尾表現差天共地

同一板塊當中，領袖與落後者的表現也可以差天共地。例如汽車板塊，吉利（00175）2017 年全年上升了 269%，但長城汽車（02333）同期只上升了不到 30%。前者的預測市盈率高達 21.5 倍，後者只有 12.4 倍。前者盈利預測增長達 87.9%，後者則倒退 42%。前者在過去一年半的任何時段買入，到今天幾乎都全賺錢。但對後者則不可能這樣說，假如短線炒作，隨時可能輸多贏少。

比亞迪（01211）2017年首8個月股價的表現亦不理想，因為業績並不突出（2017年盈利估計倒退20%），到了9月才發力，因為國家宣布了新的汽車生產政策，要求全國車廠於2030年開始全面普及新能源汽車，淘汰燃油汽車。比亞迪身為電動汽車的龍頭及唯一具規模的新能源汽車生產商，市場願意付出估值溢價，反映未來的增長潛力。比亞迪的2017年預測市盈率雖高達36.2倍，但其市值只有美國Tesla（TSLA）的49%，後者兼且現今仍處於虧損狀態。前者於2016年銷售了超過10萬輛新能源車（包括插電式混合汽車），後者則交付了7.6萬輛，可見比亞迪新能源車生產能力及規模比Tesla還要大。

圖表3.11　汽車股自2016年相對股價表現　（2015/12/31股價＝100）

不可能的
三位一體

以前當研究部主管時，曾經有一位奉行價值投資的海外基金經理要求能替他找到符合以下條件的中小型股票：單位數市盈率，股本回報率達到20%以上，純利率不少於10%，負債比率低於20%（淨現金更好）及預測每股盈利增長不能少於20%。換句話說，他希望能找到估值便宜，同時又擁有高增長潛力及高質素的公司。

價格陷阱足以致命

基金經理並非初出道的小伙子，而是身經百戰，管理2億美元資產的對沖基金創辦人。最後他看中一家業務不太起眼的中國民營製造業公司，且成為該IPO基石股東。公司以6倍市盈率上市，最後全數超額認購。可惜公司首日掛牌便跌破招股價，基金繼續在二級市場增持，最後須申報持股量。公司股價上市後表現一般，大部分時間都低於招股價。但4年過後，股價終於發威，於兩年內上升2.4倍多。但好景不常，審計師在核算年度業績時，

突然提出請辭，股價在數天內大跌一半以上，2013年6月開始停牌至今，首席財務官更於停牌不久後辭職跳船。

這家公司具備所有出事民企的特徵：

1) 市盈率長期被市場低估，大部份時間只有5至6倍；

2) 公司手持淨現金，但仍千方百計用不同渠道向市場集資；

3) 營業額每年皆高速增長（平均超過50%），但純利率卻沒有改善；

4) 股本回報率多年平均超於22%；

5) 手持淨現金，但派息比率卻偏低（平均只有8%多一點，有兩年甚至沒有分紅）。

股價上升事必有因

經濟學上有所謂不可能的三位一體（Impossible Trinity 或 Trilemma），即是一個國家不能同時擁固定匯率，資金自由進出及獨立貨幣政策，所有中央銀行只能三選其二。假設市場是有效率的，股票某程度上也雷同，投資者只能在1) 低估值，2) 高增長及3) 高質素（包括管理，公司管治及營運模式），三項中選其二。

報表表面亮麗，但估值長期低迷的小型股，很多時都暗藏地雷。缺乏經驗和沒有和大股東及高級管理層接觸過，而又只靠單看年報，很容易誤踏地雷。

財務數據或有水份

投資者都想尋求完美無瑕的股票，但它們是不存在的。高增長的好公司，一般在開始時市場都不會為意，股價從低位上升，通常都是熟悉公司的內幕人士（包括管理層的朋友、中低層員工，

生意夥伴如供應商等）開始在市場上收集。假若公司未來將賺大錢，擁有第一手資料者（不一定是實際財務數字，如未來趨勢方向等），會等到業績公告後才行動嗎？筆者並不是說，市場充斥著內幕交易，但利用灰色地帶賺錢者肯定不少。

所以業績理想但估值長期低迷的股票，要不是由於大股東和管理層無心推介，就是相關人士暗地裡在市場上減持，或者財務存在太多水份。結論是，假如某一隻股票同時擁有不可能的三大定律，就不要輕易相信報表上的財務數字。如果沒有跟大股東見過面，做過審查，根本無法猜度大股東的思維及衡量他的誠信。

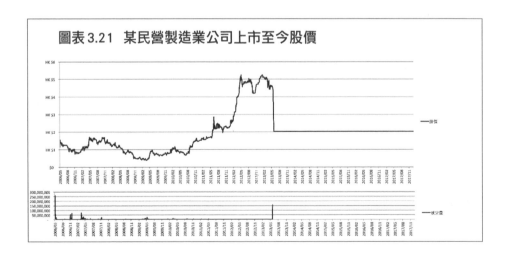

圖表 3.21　某民營製造業公司上市至今股價

3.3

估值低
不一定升值

當市場暢旺時，一些管治紀錄差的公司仍然會被不少財經媒體大力推舉。一般投資者能如何避開這類投資陷阱？所有中小型的股票最後可以倍升都是由於基金長線持有，加上基金不停加碼，估值因而不斷提升。所以評估股票升值潛力，一定需要知道基金的看法，除了基本面，基金最看重的是管理層的誠信和公司管治能力。

留意公司集資紀錄

有很多剛上市的公司都包裝成高增長的股票，多年前假如是中國消費股，市盈率曾經更動輒高達二、三十倍。如果公司宣布業績理想，每次都高於市場估計，股價就往往節節上升。反之，當業績放緩，管理承諾未能兌現時，股價很快便會由天堂丟返地獄。一些永遠過份樂觀和誤導投資者的上市公司最後一定會被貶為「低估值」一群，就算業績有起色，基金只會作短線炒賣而不會長線持有。另外要留意的是公司的集資紀錄，除非每股盈利能持續

上升，股本回報能不停提高，若需要每一、兩年就配股，供股者一定大有問題，尤其是公司在估值低迷時仍然進行集資。低位集資一定會把舊有股東權益大幅攤薄，把股本回報拉低。

基金逼公司就範

筆者見過不少大型的海外對沖基金大手買入（超過5%）一些所謂有價值的香港中小型股（主要為二、三線地產或資產股），初期對股價肯定有刺激作用，因為市場一定有跟風者，尤其是顯赫的基金進場，一定產生名牌效應。這類對沖基金其中一種投資策略是維權主義者（Activist），即透過持有影響力的股份然後向大股東施壓，要求大股東在某些戰略決策上跟隨基金的要求，提升股東價值以致估值獲得重估。

維權主義在港成功率低

其中較著名的是約10年多以前英國的TCI（The Children's Investment Fund Management）入股領展（00823）、華人置業（00127）和中國地產（01838）。前者TCI成功賺錢賣掉，但後兩者最後都要虧蝕離場。在海外已發展股市如英、美國，維權主義極之普遍而成功率都遠較亞洲地區例如香港為高，主要關鍵是

海外上市公司很多時沒有大股東，所以股權都分散在不同基金手上，只要基金聯手，一呼百應，管理層就要乖乖就範。

然而，香港絕大部份上市公司都被家族或單一大股東控股（超過51%），所以能被狙擊的機會極低。領展之所以較聽話，因為它的大股東不是個人而是香港政府，它的管理層都是受僱人士而不是大般東。受僱者當然願意聽從基金意見和樂見股價上升，因為他們的報酬（例如期權）往往直接和股價掛鉤。

還看管治與分紅

除領展外，香港基本上都沒有其他較著名的成功行動主義案例，因為大部份大股東都把上市公司看成私人俱樂部，他們歡迎基金把股價炒高，但絕對不歡迎基金說三道四，尤其是要求他們多派息。很多香港小型地產公司於黃金地段坐擁珍貴資產，而估值又大幅折讓，但很多時它們不思進取（沒有繼續發展），又不願意分紅和小股東分享成果，散戶買入就有如墮進價值陷阱，因為這類股票缺乏成交，易入難出。

3.4

業績期望
決定股價走勢

每年3月是上市公司發布去年末期業績的高峰期（12月年結公司必須在3月底前公布全年業績）。許多平日少作路演及投資者關係活動的公司，都會趁機舉行業績發布會，邀請分析員及基金經理參加。因為機會難得，很多平時在港少見的內地投資者都會出現，就算是小型股的會議，都把會場擠得水洩不通。

投資者關注大不同

從答問時間，可以聽到投資者的關注有所不同，香港分析員通常專注財務數據上的解讀，例如毛利率為何下降，某項支出為何增加，利潤按業務分布的比例，哪個產品增加較快等，因為這些數據對他們的財務模型及盈利預測假設極關鍵。內地的投資者則更直接，有時會詢問管理層的盈利增長展望如何。香港分析員的潛規則是不詢問盈利增長數字（因為證監會不容許管理層對個別人士披露敏感資料）。基金經理則比較著重了解管理層的策略思

維，以及如何提高競爭力，希望從問題中得知管理層的能力。

業績發布前後，公司股價很多時都會有異動，成交量也會較平時增加。假如股價低殘，而市場期望壞消息已反映或預期派息率吸引，價值或短線投資者便可能趁業績這個催化劑買入該股。另外一種是市場預期業績有正面驚喜，所以在公布前買入。假如有利潤，短線者可能在業績公布前已套利，因為就算業績理想，只要與期望稍有落差，或者展望不符合理想，股價都可能大瀉。

美國公司要報告季度業績，所以每年有4次機會大幅波動，而對沖基金特別喜歡利用業績期望，將股價舞高弄低。就算是美國大型股，業績公布後股價都可能上下波動達雙位數。

別忽略基金期望

香港某隻在業績前發盈喜的電子支付概念股份，宣布之前一年銷售及純利分別上升21%及58%。雖然多位坊間股評人在業績發出後建議買入，但股價仍於兩天內下瀉了15.9%。基金不滿意其業績，因為：1) 該公司之前一年首三季銷售按年增長已有37%，但全年卻減速至只有21%；2) 管理層指，未來3至5年銷售目標年增長率為15%，遠低於以往業績。單看表面業績數字而忽略基金期望及解讀財務報表的字裡行間，隨時成為市場點心。

須管理投資者期望

炒業績要提高勝算，必須在事前做足功課，了解市場對該股的看法，明白銷售及盈利增長點來自哪裡。被基金廣泛持有的股票，分析員需要在業績公布前一個月（即封鎖期前）和管理層溝通，市場期望往往在那時候形成。但管理層不一定絕對透明說明清楚，所以市場期望並不能以自然科學方法分析，以致有落差出現。假如管理層經常令市場失望，該股票的估值必定逐漸貶值。所以精明及誠實的管理層，都會盡量控制及管理投資者期望，避免誤導市場。

3.5 盡職審查
也會失效

2013年中國金屬再生資源（00773）的停牌清盤事件，引起市場關注民企帳目的可信性。弔詭的是，有外資投行分析師在其停牌前還發出唱好報告，專業人士能否避開股市地雷？答案是否定的。

每宗公司上市個案都經過專業團隊，例如投行，審計，律師等的盡職審查。稍具規模的公司上市前後均有投行分析師作出研究追蹤。投資者可能抱怨香港交易所（00388）把關不力，讓造假帳的公司成功上市。事實上在海外如美國及新加坡等地上市的中國小型公司，因會計帳目出事而導致停牌清盤者，比例隨時比香港還要多。

難防有心人造假

筆者經驗是，假若大股東和管理層有心誇大盈利數字，那怕是專業人士，一時三刻也不能查核出來。分析師的研究倚賴審計師的會計報告，審計師則倚賴管理層的內部帳目。審計師頂多做抽樣

調查，而樣本有可能是由管理層挑選出來。假如某公司全國有上千以上網點或客戶，審計師最多抽樣調查其中數十個。若管理層立心製造虛假客戶（例如透過離岸或友好公司）及銷售，專業人士在短期內是無法看出的。兼且很多負責實地盡職審查的審計師，投資銀行家及分析師等，都是入世未深，經驗不足的員工，很容易便照單全收管理層的說法，且有懷疑也不一定敢點破。

有另一家中國消費類公司，因帳目及債務問題被停牌清盤，最後賣盤給白武士，業務重組數年才能復牌，但小股東股份已被大幅

攤薄，股價復牌即時下跌九成多。公司上市前入股的創投基金經理和公司公關發言人也料想不到公司會造假及資不抵債，結論是連當局者也不一定能避開股市地雷。

通常當假帳被暴露，其財政可能已病入膏肓，那時已經走避不及。要避開這類地雷，必須留意幾項特徵，如果有懷疑，寧願錯過機會，也不要弄至全軍覆沒。

七招判斷股市地雷

1）用常理看公司的行業及營運模式，是否能支撐公司的高增長及邊際利潤率。公司的前景及盈利是否過份作大，Too Good to be True？瑞銀舊同事張化橋經常笑稱，自己年輕時是農民，他對筆者說過中國最窮的就是農民，怎可能在農民身上賺大錢？所以他一直不相信歐亞農業的帳目是真的，正如筆者一直不相信處理垃圾能賺取暴利。

2）公司上市初期因為集資不久，出事的可能性較低。但假若公司高增長之餘卻連番集資舉債，及投放大量資本開支，令現金流惡化，投資者便須警覺。

3）資不抵債的公司，通常是在牛市時過度借入長債，或發行太多遠期可換股債券（CB），到了熊市及經濟低潮需要還債時，公司根本沒有現金流償還。假若企業造假帳，報表上的現金及資產值一定被高估，所以公司的實際負債率及現金流一定比年報聲稱的更惡劣。

4）持有淨現金但又長期分紅欠奉，卻仍不斷配股集資者。

5）大股東大幅減持股份，高層管理跌船，更換財務總監和審計師等皆屬不利訊號。

6）市值愈大，公司造假帳的難度就愈高。這些公司需要更多的盈利水分和更高市盈率去支撐，例如市值已超過10億美元（已達中型股規模）和市盈率達15至20倍以上，便須留意。

7）作為基金經理及分析師，一定會透過拜訪管理層來加深對公司的了解。有時信與不信需要靠經驗判斷，要認清管理層是否過份吹噓或説話是否有理據。

沒有科學方法可確認造假帳的公司，但若多個警號均同時亮起，投資者便須加倍審慎。

諾奇上市的故事

再看看一個例子。2014年1月上市的諾奇（01353）不夠七個月，其大股東丁輝就挾帶私逃。除了大股東及其家人與關連人士在未經公司授權下，以諾奇存款作私人貸款抵押品，借貸4.9億元人民幣，坊間傳言丁輝於公司上市前，已在澳門欠下巨額賭債，上市後更挪用公司現金再戰濠江，意圖一鋪翻身，最後當然是一鋪清袋。筆者有幸在諾奇上市前路演與大股東有一面之緣，公司定位成男性快速悠閒時裝公司，而且是少數以H股形式上市的民營

企業，經過中國證監會審核，按道理公司管治水準應該較高。

6個看淡的原因

當時筆者對這宗IPO興趣不大，因為：1）內地零售業市場正放緩，外受電子商貿衝擊，內受經濟減速影響，就連大型連鎖店及百貨公司的業績也在倒退，沒有上市營運紀錄的小型零售公司，難有說服力可保持增長；2）公司標榜為快速男性時裝，但男裝本身的銷售轉速根本不高，且內地已有國際性強大對手如日本品牌UNIQLO（母公司迅銷，06288），競爭一定非常激烈；3）主席兼大股東給人的感覺並不像時尚派的品牌人士，甚至有點老套，也聽不出公司策略有甚麼獨到之處。筆者憑經驗判斷，對管理層印象非常一般；4）過往太多同類型上市公司失敗的例子，如果品牌缺乏知名度而營運規模又細，成功機會根本不大；5）公司的福建民企背景令人加倍小心；6）加上新上市公司的財務水分風險，結論是寧願錯過，因為值博率太偏低。

必須加強內部監控

當然沒有可能事先預料到大股東會做出這樣嚴重的詐騙行為，一位資深首席財務官曾經對筆者說，假如公司管理層存心欺詐小股

東，是一件非常容易的事情，而且公眾事前根本沒有可能得悉。

監管機構可以改善及提高新上市公司質素的方法：1）上市前加強對大股東及董事的背景調查，包括個人財務狀況申報及核實；2）加強財務官的把關職能，要求所有上市公司大額現金轉移均需要財務官簽署；3）提高對獨立非執董的要求及權力，例如不能為其他董事的直接或間接親屬，大額現金轉移及投資必須得所有獨立非執董於董事會上簽署同意；4）與內地監管機構加強合作，禁止內地銀行將上市公司資產及存款當作私人抵押；5）港交所（00388）需減少批准存在太多疑點的公司上市，提高IPO公司的整體質素。

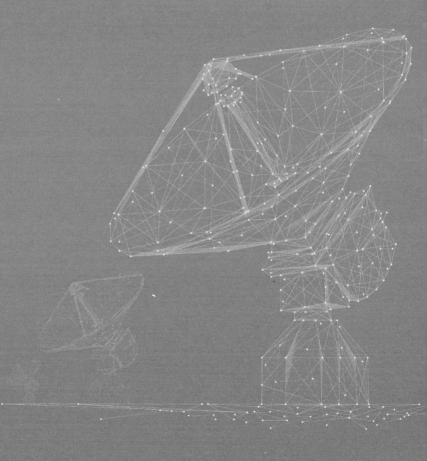

Chapter 4
觀察宏觀訊號

4.1

投資主題
由常識開始

投資領域裡，確定趨勢，順勢而行，一定事半功倍。有些朋友問，如何找尋新趨勢或新投資主題？筆者相信靠常理常識，愈容易明白的題材，愈容易成為投資主題。因為愈簡單易明的東西，就愈容易被下一位投資者接受。中、港股票主題的形式不外乎是新政策及新科技趨向。前者需要緊貼新聞政治，後者則要留意發達國家，尤其是美國科技公司的發展及營運模式。很多成功的中國科網公司起初都是模仿美國的業務模式，例如早年騰訊控股 (00700) 的實時通訊 QQ 就是模仿以色列公司 Mirabilis 開發的 ICQ，然後注入本土元素加以發揚光大。

主題愈具放大性愈被熱捧

很多在美國成功的商業模式，很快被中國公司本地化。受歡迎的外國板塊，會影響香港，對相關股份產生聯動作用，故此投資主題有時可以有迹可尋。假設主題具無限想像空間及放大性 (即營

運槓桿），主題便有機會被熱烈追捧。2013年的濠賭及科網股主題就是這樣孕育出來。兩者業務均具有極高的放大性。

科網受惠於智能手機的普及和4G網絡牌照的頒發（因手機上網速度將大大加快，令電子商貿，遊戲，視頻點播等業務有條件高速增長）。將來5G網絡推出（預計在2020年後），相關投資將會推動整個產業鏈，手機上網速度將會進一步提升（傳聞5G比4G快12倍以上），肯定更多需求高網速的視頻串流及遊戲應用程式會被推出。

見頂的警號

這些主題是能以常識判斷的趨勢。朋友又問,怎樣才知道趨勢的完結及估值見頂?

投資股票最容易賺錢之一是牛市第三期,特點是雞犬皆升,即除了藍籌股外,有基本面及無基本面(只要有概念及消息)二三線以至小型劣股皆飛升。容易賺錢因為股市泡沫不斷放大及擴散,但同一時間,危機風險也愈來愈接近。沒有人能準確預測牛三的泡沫甚麼時候爆破,因為牛三通常資金泛濫,估值可能偏高,但並不表示見頂。牛三時投資如果太保守及太早離場,作為基金會跑輸同儕,作為個人投資者則會錯過了難得一見的賺錢良機。總結二十多年的投資經驗,有些股市見頂的訊號是值得留意及參考的。當大家意識和感覺到以下的訊號同時出現時,便需警惕,起碼開始增現金水平或增加對沖。

訊號1:小市民開始到處談論股票及扮演專家。當的士小巴司機,小販或者家庭主婦,一些平常不投資股票者也開始高談闊論,自誇自己投資賺錢的經驗和傳授他人投資心得時,大家便需小心,因為股市最後接火棒的生力軍已進場,很難再找到新的購買力將股市再推上一層樓。

訊號2:當某某股神出現。當媒體開始不斷報道一些無專業訓練

及知識的某某街坊股神，少年股神，少女股神或者學生股神如何賺大錢，股市已經進入了單靠運氣和炒小型股內幕消息便可賺錢的時刻。這種情況一定不能持續，因為大戶必定遲早散貨，到時歡樂派對一定結束。

訊號3：證券商融資額度（孖展倉）達到上限。牛三全民亢奮，風險意識非常低，投資者樂意將孖展額度完全用盡。但當市況一逆轉，缺乏實力補倉的投資者便被逼斬倉，造成股市下瀉漩渦。

訊號4：市場集資活動頻繁，包括IPO及配股，上板後且立即下跌。大部分上市公司，包括劣質公司，會把握牛三於市場集資。基金為了提升短期表現，願意參與及認購劣質公司，只要配售價有較大折讓或者概念吸引。由於牛三時大部分基金已滿倉，沒有多餘現金，所以認購時都抱著走短線心理，於上板第一天立刻沽出。由於沒有長線持有準備或者只是利用槓桿買入，所以這些股票上市第一天便被拋售，因而立即下跌。當出現這種情況開始普遍，表示一方面市場資金被上市公司吸走而減少，另一方面，由於市場缺乏新資金進場支撐，股市於是開始向下調整。

訊號5：市場開始積極推介藍燈籠。過去數次大牛市結束前都有同一現象，就是一直大落後或價值陷阱股票終於有市場人士開始積極推介，包括證券商及媒體股評。牛三末期，由於高質素股票估值已經非常昂貴及上揚了許多，所以市場唯有轉移注意力往大

落後，基本面欠佳的藍籌或二三線股份。過往恒指成份股和中資股藍燈籠的表表者就有電訊盈科（00008）及粵秀地產（00123），現在比較公認的則是中移動（00941）。當藍燈籠成為市場焦點時，大家便須當心。

當局者迷虧蝕主因

當然投資講求時間性，太早的離場，基金便有可能跑輸其他對手。太遲忽略警號，又可能來不及退出。所以投資者不斷需要在恐懼與貪婪中間取平衡點。虧蝕者多數是太當局者迷，貪勝不知敗，所以導致錯過了沽貨的時機。小投資者一個經常犯的投資錯誤，就是錯過高位沽售，股價一直回落，轉盈為虧仍捨不得沽出，甚至低位再加倉，最後弄至血本無歸。

無人能阻擋科技洪流

時間性的另一角度，是當世代轉變導致生活模式及習慣改變，既得利益者被新科技及新挑戰者顛覆，於是出現新的投資機遇。上述提及的騰訊控股便是一例，新科技的興起將落後及追不上時代而出現的老科技或固步自封的企業淘汰。

2017年11月28日消委會發表研究報告，建議向網約車發牌。全球著名的網約車公司優步（Uber），過去數年對世界各地的出租車（的士）公司造成了極大衝擊。優步之所以迅速冒起，隨了它背後有旁大的私募基金提供資金支持外（最近一次融資其估值就高達690億美元，現傳日本軟庫將投資100億美元入股持17%成為大股東，相等最新估值約三成折讓），最主要是它的科技創新直接為消費者提供了更多方便與及絕對較佳的服務。

傳統服務固步自封

以香港作為例子，的士的服務過去一直被乘客批評，引為詬病，相信全港大部分消費者都曾經有過負面甚至不愉快的經驗。

簡單的例如拒載，不願意過海（利用藉口如自己為九龍或香港車，不懂過海道路，正在交更等），無禮，嫌棄車程太短，甚至濫收車費等。其中一些拒載理由根本荒謬，作為職業司機，怎可能只懂九龍或香港道路，何況今天科技發達，利用手機GPS或地圖軟件便可以找到目的地。的士所有的惡習及毛病，網約車基本上不會出現。的士業所以能讓網約車公司有機可乘，根本就因為本身固步自封，因循苟且。

的士業無意改革及提升服務質素，主要因為自1994年開始，政府已經沒有增發任何市區的士牌照，無法營造市場競爭。但同期，香港人口由604萬人增加至2017年的約739萬人（按政府統計處估算），而訪港旅客同期更由1994年的平均每月362萬人增加至2017年的每月479萬人。現時全港約有18,163個的士牌照，市區約佔84%。根據維基百科，全港17家的士服務公司已擁有大部分牌照，將的士出租予超過4萬名自僱司機。由於行業由少數業主操控，所以業界缺乏誘因改善服務。

的士業界無誘因改善服務

由於的士牌照供應受限制,所以業界一直將的士牌照當為投資工具炒賣。按的士聯合交易所數據,市區的士牌照價格於2015年5月最高曾達725萬港元,現今約值631萬元。假如政府向網約車公司發牌,新競爭除了影響營運收入外,亦會對牌照價格造成壓力,所以的士業界必定反對網約車的存在,兼且不會願意投入這種新服務,因為它的存在等同將的士供應量增加,影響牌價。

網約車因為汽車及司機服務質素較佳,所以消費者願意付出較高車費。根據香港理工大學的一項調查,優步司機的平均每月收入達4萬港元(最高達8萬元),遠高於的士司機的13,400元(按統計處數據)。作為司機,他們肯定歡迎新的競爭,問題是絕大部分司機都並不是的士牌照業主,他們只是向的士服務公司租用的士駕駛,所以反對網約車的聲音必然來自少數業主。

科技可以改變消費者生活質素,我們必須擁抱科技所帶來的正面改變。假如一成不變,早晚必定會被新科技淘汰。未來當無人駕駛汽車及人工智能成熟時,很多行業將會面對式微,司機肯定是當中行業之一。

加密貨幣成為大熱概念

市場上每段時間都會出現一些狂熱的概念，2017年環球股市上漲，但比較起加密貨幣的升幅，投資者簡直嘆為觀止。龍頭比特幣（Bitcoin）一年上升了1,402%，第二大市值的以太幣（Ethereum）更加上漲了8,662%。不少其他較小的替代幣（Alt-Coins）升幅更驚人。

加密貨幣成為2017年的明星，並非無因，絕對是被近年宏觀經濟及政策所催成。除了是投資趨勢，它本身亦代表金融科技的進化。

原因一：監管升級逼使資金流往加密貨幣

坊間不少分析認為加密貨幣價值大升，是由於全球央行採取量化寬鬆（QE）所致。但QE已經被執行超過十年，但各種加密貨幣卻於2017年才全面噴井式上升，筆者認為其趨勢與新實施的共同申報準則（Common Reporting Standard，即CRS）更加息息相關。CRS於2017年正式被執行，全球超過83個國家（包括香港及中國）擁有銀行及金融戶口的個人皆需要向執法機構申報資產及個人資料，令有需要隱藏收入及資產來源者無所遁形。加上中國自2015年下半年開始採取嚴格外匯管制，令很多有意走資的富翁及高官需要開闢新途徑轉移資金。調動加密貨幣因為並不涉及實物搬遷

（例如攜帶現金出境就非常麻煩），轉帳容易（可輕易地由電子錢包甲包轉送至乙），又不需要向監管機構申報，所以其突然大受歡迎並非事出無因。攻擊加密貨幣者只針對它是龐氏騙局的角度，而忽略了市場對不受監控的貨幣有真正需求。假若環球政府繼續加強追蹤監控人民資金來源及流向，只會更加催生不同形式的加密貨幣。

原因二：去中心化

2008年金融海嘯之後，很多普羅大眾對銀行體系及法定貨幣失去信心。有狂熱份子鑽研區塊鏈（Blockchain）科技，希望創造一種脫離環球央行控制的貨幣，加密貨幣鼻祖比特幣就是在2009年1月旦生。區塊鏈技術的進化令到更多加密貨幣產生，更多的應用範圍，甚至通過首次代幣發行（ICO，Initial Coin Offering）替相關初創企業集資。區塊鏈技術本身亦逐漸被國際金融機構研究採用（包括銀行及交易所）。例如美國紐約交易所即將測試以區塊鏈為基礎的交易及結算電腦系統。

原因三：供應設有上限

比特幣最有特色是其發明者的設計只容許最多發行2,100萬枚比特幣（但交易可以以小數點為單位，不需整數），而比特幣本身的供應不受任何個人，機構或國家操控。其資料散布於全球超過10萬部伺服器，所以沒有任何黑客或個人能夠竄改其紀錄。現時全球約有1,679.6萬枚比特幣已被開發出來，但新供應將會愈來愈減少，因為發明者的程式是每隔若干年分（約每4年），便把每次可被發掘的數目減半，直至2,100萬枚便終止。

例如於2016年7月9日，可被發掘數就由25枚減半至12.5枚。隨著每次成功開發的數目減少，開發的成本便上升，供應於是愈

來愈少。所以長線而言，只要愈來愈多商戶願意接受比特幣為交易貨幣，比特幣便應該升值。現在某些國際公司如美國的微軟（Microsoft），電商Overstock.com，網路遊戲公司Zynga，快餐連鎖店Subway，旅遊網Expedia及電子結算公司PayPal，英國的Virgin Mobile及Virgin Airline，加拿大的KFC和日本的互聯網公司Rakutan等等已經接受比特幣。比特幣其實類似網絡遊戲裡的虛擬貨幣，但因為其背後獨特的程式系統，令其獨立性，可靠性及安全性被廣泛認同，所以能夠挑戰主流貨幣。

原因四：美國推出期貨令比特幣登堂入室

芝加哥期權交易所（CBOE）及芝加哥商業交易所（CME）分別於於2017年12月10日下午5時（香港時間11日上午7時）及12月18日推出比特幣期貨。此外，納斯達（(NASDAQ) 亦有意在2018年第二季推出相關期貨。有被監管的期貨出現，市場憧憬更多機構投資者將會參予買入加密貨幣，及交易所將會於未來推出更多產品例如交易所基金（ETF）及期權，令比特幣成為正式投資工具。

風險：欠缺監管 投資沒保障

加密貨幣現時最大的風險是：1）大部分交易所沒有正式受監管及持有認可的金融牌照，投資者的利益及資產沒有法律保障，交易所容易產生舞弊及倒閉；2）投資者的電子錢包由一組32個英文字母及數字的密碼所開啟，持有者假如丟失或被盜去密碼，將會永久失去資產。因為比特幣不是停放在金融機構，所以沒有單位可以證明此幣屬誰及追回失落資產；3）除了比特幣，有其他加密貨幣的興起，例如以太幣（Ether）及瑞波幣（Ripple），挑戰其領導地位，新興的替代幣令加密貨幣供應大增；4）假如各國政府聯合打擊（例如不容許本國銀行替交易所開戶結帳及要求關閉交易所），貨幣價格必定出現震盪。但有部份發達國家如日本已公開正式承認比特幣及加密貨幣，所以要全面打壓亦並非易事。

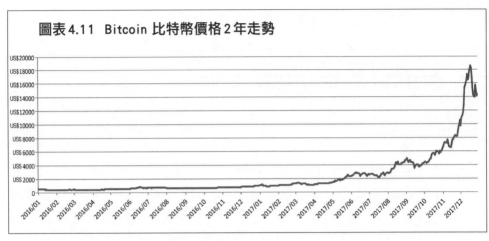

圖表4.11　Bitcoin 比特幣價格2年走勢

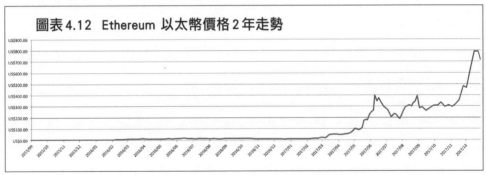

圖表4.12　Ethereum 以太幣價格2年走勢

4.2

市盈率區間
評估指數估值

要評估指數的估值高與低，筆者最常用的工具是市盈率區間。它背後的基本分析，主要是按照過去及預測的每股盈利，然後依歷史股價將其市盈率按統計學計算出不同標準差劃出不同區間，從而分析得知相對於歷史水平，今天該股票或指數的市盈率孰高或低。

恒指市盈率波幅相對個股低

一個標準差表示發生的概率為 68.27%（即超出這範圍的概率為 31.73%），兩個標準差為 95.45%（即超出這範圍的概率為 4.55%），三個標準差則為 99.73%（即超出這範圍的概率只有 0.27%）。

恒生指數由於內裡成份股眾多，風險分散，所以市盈率波幅相對個股較低。另外計算的時間愈長，因為有較多數據點，市盈率的波幅亦會相對較少。假如用 10 年以上的數據，正常情況下，指數大部份時間應該徘徊在正負一個標準差內。少數日子如 2007 的大

牛市和2008年的金融海嘯，只按照當時的數據（即不計算近年的市盈率），恒指的市盈率就有可能衝出至正和負三個標準差（即那刻恒指市盈率出現的機會只有不到0.27%）。從估值的概率看，如果頭腦清醒的話，就應該當市盈率高於正二至正三個標準差之間，把手上股票賣掉；反之當恒指市盈率跌至負二至三個標準差之間，就應該閉著眼睛買入。

視乎假設年期長度

從10年市盈率的區間看，2017年10月恒指的估值仍處於合理水平（在平均值11.96倍的正一個標準差內）。但由於2010年以後，港股大部分時間均不景氣，恒指的平均市盈率一直在貶值，由2008年初的16.7倍下降至2017年10月只有13倍（就算恒指已於2017年上升了30.4%）。但假若只用過去5年數據計算，這期間平均市盈率只有10.98倍（低於過去10年平均值）。所以利用市盈率區間分析指數估值，最重要的假設就是年期的長度。

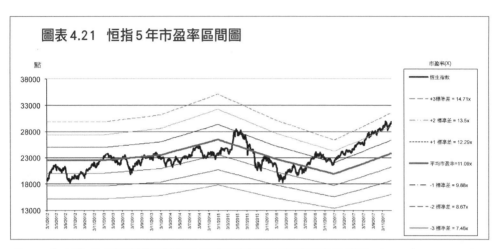

圖表4.21 恒指5年市盈率區間圖

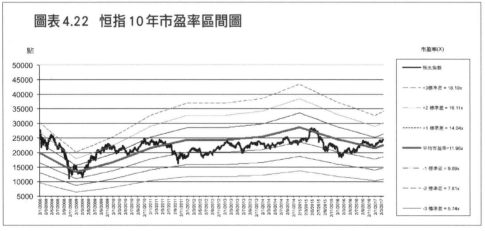

圖表4.22 恒指10年市盈率區間圖

4.3

參恒指RSI
吼準出擊

前面提過關於評估股票的條件，投資者只能在1)低估值，2)高增
長及3)高質素(包括管理，公司管治及營運模式)，三項中選其
二。其實在投資策略中，亦有類似的限制，就是一般投資者的組
合只能從1)高回報，2)低風險/低波幅及 3)低交易量(即少做短
線買賣)，三者選其二。但很多投資於對沖基金的機構投資者(如
基金中的基金，養老基金及大學捐增基金)卻期望對沖基金能做
到高回報，低波幅及低交易量。

上落市難覓倍升股

世界上有少數神級的對沖基金可能長期滿足這些要求，但大部分
基金投資策略，要求高回報的，必須承受較大風險及接受高度集
中的組合。要減少波幅，就必須透過分散投資及較靈活的短線買
賣，其回報最終必定較低。環球的量化寬鬆政策令全球金融資產
升值，要追求高回報愈來愈困難，尤其是一直不被外資看好的
中、港市場。

上落市須靈活變通

香港股市過去數年，大部分時間處於上落市，假如採取長期持有策略，回報必定不太理想。如果是牛市，策略可以非常簡單，只須選擇個股，然後長期持有。當牛市第三期初資金開始氾濫時，價值投資可能最有效，因為水漲船高，被忽略及落後的股票會陸續追上。但上落市就不一樣，市場資金缺乏，只集中追逐少數高增長或周期性復蘇股票。投資者心態有如驚弓之鳥，一遇上不明朗或者業績不對辦，便立即沽貨減持。所以上落市除了需要有選股能力，還需具備對宏觀經濟及環球市場的敏銳觸覺及判斷力。缺乏時間鑽研及專業經驗的話，很難在上落市致勝。專業經驗包括分析市場走勢，更重要的是在適當時候離場及止蝕的意志及執行力。

順勢而行較容易

上落市難賺錢因為市場上很難找到倍升股，另一方面卻滿布地雷，稍一不慎便損耗總體回報。分析員評論個股時，經常使用順風（Tailwinds）及逆風（Headwinds）來形容公司面對行業利好及利淡的形勢。當股市在牛市狀態，即處於順風之中，投資勝出率必定較高，公司估值重估（Rerating）的機會必定較大，犯錯的比率必定較低。在牛市中找高回報個股一定比上落市容易。過去數年

美國處於大牛市,用同樣的精力及時間作投資研究美股,潛在回報必定遠高於投資在中、港股票。

散戶宜待每年一至兩次的機會

總結過往數年經驗及現時中國的經濟狀況,投資者必須保持平常心,不能過度樂觀,也不能過度悲觀。對於一般非專業投資者而言,如果沒有選股上的優勢及市場分析力,最佳的方法是停止短

線炒作，每年只等待一至兩次機會，當市場大幅調整時才入市，集中購買增長性及非周期性的藍籌股。筆者不同意使用平均買入方式入市（例如每月買入一點指數基金），這樣做回報一定不會太理想。

等候大幅調整時入市

最簡單的策略，就是參考恒指的 RSI（14天相對強弱指數），當參數低於 30（即超賣）時入市，及高於 70（即超買）時減持，中長線（數月至一年以上）而言，贏面一定高於短線炒賣。如果不懂技術分析，更簡單的，就是等待市場某月份出現大跌才入市，例如恒指在一個月內下瀉 5% 至 10% 以上，才於低位逐漸入市，集中買 5 至 10 隻績優藍籌或二線增長股。

假如已經處身大牛市，平時沒有投資習慣，又等不了大調整，很遲才進場，也應該保留一部分現金，不要過份進取，因為初手最容易虧大錢。

4.4

供求關係
決定估值

「買樓必賺」,「買樓回報遠勝買股」,相信很多人都同意這兩句說法,尤其是應用於過去10年的香港市場。炒樓過去令很多香港人致富,但炒股卻不一定,很多散戶甚至輸多贏少。有時和基金業界朋友閒聊,大家都有點後悔為甚麼過去沒有把所有精力及本錢用來炒樓。不懂金融財務及投資的人買樓,回報往往高於絕頂聰明的基金經理。「買樓長線必賺錢」是一般香港人最根深柢固的信念。樓價高企,令年輕人及中下階級收入人士無法上車,無窩居之處,造成社會分化及不安。其實租房子住沒有甚麼大不了,真正理由是買不到房子便不能致富,所以才有怨氣。假如房地產價格長期貶值,肯定沒有人希望置業。上世紀90年代初資產價格泡沫爆破後的日本就是一大好例證。事實上,世界所有資本市場社會都無法保證人人皆能置業。

土地供應有限

樓市長線回報一直跑贏股市，基於簡單的經濟學原則：需求大於供應。大城市土地資源有限，尤其是一直奉行低稅率的香港，政府最大收入來源來自賣地，所以必須長期維持高地價政策，保障庫房收入。議員為了爭取政治籌碼及選票，經常指摘政府縱容樓價高企，同一時間又反對加稅或徵收消費稅，兼且要求增加福利，全民退保及政府派錢等等，根本是不切實際及不符合邏輯。土地供應有限，但需求卻不斷上升。國際性都市如香港，吸引大量移民及海外投資者湧入，令需求進一步提升。加上房地產市場流動性不足及交易成本高，所以持貨者必須作中長線投資。再者買樓有槓桿效應（一般都有按揭），且投資數額巨大，所以大部分人一生最大的投資就是自己的房子。

股票供應無限

股票回報，除了受制於公司盈利及派息增長（藍籌股業績也會經常倒退），股票的供應基本上可以無限量（透過IPO，配股增發和供股）。受投資者追捧的股票，隨時在高位配股，又或者同類形公司不斷上市（例如內銀股），供應大增，直至估值大幅回落。投資股票所需的技巧比買樓要高得多，因為影響股價的變數太多。雖然如此，股票投資仍有其吸引力，因為入場門檻低，流動性

高，交易成本低且手續過程簡單。

美股牛市有賴回購

美國股市自2009年以來一直處於牛市，其中原因之一是由於美國企業不斷回購股份，令股票供應減少。相反，每次香港股市成為全球IPO年度集資額冠軍，港交所就沾沾自喜。這虛銜其實意味著香港的股票供應大增（大部分是劣質或沒有增長的公司），令二級市場估值及股價受壓。

不要少看股票供求對股市走勢的影響，根據彭博資訊數據，過去數年美國企業回購股票的總額遠超集資數額。

由2012年至2016年，標普500公司總共回購了26,100億美元等值股份，而同期美國三大交易所的集資總額（包括IPO及配股）只有7,568億美元（佔年底平均總市值的3%），另外還未算同期標普500公司總派息分紅達18,600億美元。筆者只能找到標準500公司（佔美國總市值平均約80%）的回購及分紅數據。換句話說，2012年至2016年的5年間，標普500公司的總回購及分紅超過美國集資額5.9倍有多！標準500公司的過去5年回購額大概相等於其年終平均市值的2.9%，加上派息則達5.1%。這些數據表示美國企業回饋股東的資金遠高於索取的。

香港的情況則完全不一樣，同期向市場集資總額達826億美元（佔年底平均總市值約3%），但公司回購只有69億美元（平均佔總市值只有0.77%），加上派息也只有1,393億美元（平均佔總市值只有0.04%）。港交所（00388）一直追求及引以為傲的全球集資額排名，其實對二級市場走勢弊多於利。容許良莠不齊的公司太容易集資，只會大幅增加市場股票供應，令後市受壓。

4.5 市場
盛衰周期

全球最大對沖基金橋水（Bridgewater Associates）（管理超過 1,500 億美元資產）創辦人達里奧（Ray Dalio）曾經發表了不少著名的投資及市場理論，其中之一是描述加槓桿（信貸）及減槓桿形成市場盛衰的不同周期。簡單地說，市場系統可以由：1）短期債務周期及；2）長期債務周期來闡述。而每次經濟低潮或金融危機都是由於過度信貸澎脹（即槓桿過高）造成產能過剩或資產泡沫。

過度槓桿引發資產泡沫

短期債務周期即商業周期，通常 5 至 8 年期。此周期的形成乃由於支出（由貨幣供應及信貸導致的增長）增速高於可生產產能的增速。當支出受制於緊縮的貨幣供應及信貸時，經濟衰退便出現。換句話說，經濟衰退來自中央銀行的緊縮政策引發私營企業的信貸收縮。而經濟衰退終結則由於中央銀行開始寬鬆（透過減息及增加信貸）。

長期債務周期則通常長達50至70年，形成由於信貸增長快速於收入及貨幣供應。當息率不能再減，債務支出過於龐大，而市場需要去槓桿（包括減債，緊縮，財富重新分配及債務貨幣化），經濟蕭條便出現。經濟蕭條發生由於私營企業的信貸收縮不能由中央銀行下調貨幣成本所修復。經濟跌入蕭條時，中央銀行的寬鬆貨幣政策也無效（因為息率已接近零），不能刺激信貸增長。

一個普通的經濟衰退可以由中央銀行減息終止。去槓桿則較難做，需要通過債務重組，撇帳，緊縮，財富轉移（由富人至窮人）及印刷

鈔票。達利奧認為當綜合以上元素令經濟增長的名義速率高於名義息率時,「漂亮的去槓桿」(Beautiful Deleveraging) 便出現。

達利奧的環球宏觀投資策略,就是基於他對不同的經濟周期點作出的判斷,從而作出對應的資產配置及投資。雖然美國已經進入加息周期,但經濟仍處於復蘇當中,個人及企業的槓桿比例仍然不算高,所以加息並不等同美國牛市會終結。

應用他的信貸周期理論於香港市場,關鍵的是:

1) 聯儲局的貨幣政策對香港資產價格(包括股市,債市及樓市)的影響。其中包括香港銀行系統內的流動性及未來資金流向;及

2) 現時香港投資者及公司的信貸及負債情況。

香港銀行流動結餘有可能下滑

根據香港金融管理局的數據,2017年9月底香港銀行同業市場流動資金結餘高達2,116億元(2009年1月初只有1,627億元)。銀行界經常強調香港不須立刻追隨美國加息。聯儲局表示會於2017年第四季開始削減該局持有的4.5萬億美元資產負債表。其中一方法是停止再投資將會到期的國庫債券。把負債表收縮即減少貨幣供應,令市場流動性下降及利率趨升。另美國總統特朗普

（Donald Trump）政綱之一是要求美國企業將存放在海外的利潤班師回國。

筆者猜測很多與中國有緊密業務關係的美國公司都極有可能將一大部分海外利潤存放在香港銀行體系。所以香港銀行流動結餘有可能在未來數年大幅減少，導致香港加息速度加快及銀行收緊信貸。現時私人銀行的高淨值客戶很容易獲得低息及以倍數計的槓桿進行投資活動。雖然個人投資房地產的負債比率並不高（肯定遠低於1997年時），但透過私人銀行提供的信貸投資債券及結構性產品的比例應該非常高。一旦銀行削減槓桿比例，其所造成的拆倉破壞力（尤其是對債市及樓市）絕對不能忽略。假如香港銀行流動結餘減少，有可能對樓市，債市，甚至股市造成某程度上的負面影響，起碼在流動性上。

歷經金融風暴者應學會避險

一般投資者很難掌握每次市場小周期的起伏，但曾經經歷過1997年亞洲金融危機及2008年環球金融風暴者，應該有足夠經驗及能力去判斷資產泡沫是否接近高危點。兩次危機的主因都是由於個人及企業過度借貸，例如太多沒有供樓能力的人買樓，投機者無視缺乏現金流的風險過度借貸，試圖短期獲利，不懂股票的人忽然變成街坊股神，全民皆股等。這些現象其實不難察覺，只是泡沫膨脹之時，大家都會被貪念沖昏了頭。

4.6

弱美元
有利港股

恒指於 2017 年上升了 36%，同一時間美匯指數（DXY Index）則下跌了 9.87%。弱美元有利新興市場股市是眾所周知的事，因為美匯弱勢產生誘因，吸引持有美元資產的投資者將資金配置到貨幣升值的地區，賺取匯價差別。由於大部份新興市場的貨幣都直接或間接與美元掛鉤，所以美元走勢對新興市場尤其是實行聯系匯率的香港，有舉足輕重的影響。

美匯恒指關係非絕對

大家知道美匯和港股的基本關係（即美元跌有利港股升），但實際兩者經量化後的關聯性是否可以解讀為金科玉律？筆者透過回歸分析模型，分析美匯指數與恒生指數過去 20 年的對數每月變化。結論是兩者確實存在負關聯繫數，但兩者的 R-Square 數值卻並不高。換句話說，方程式的解釋力並不是太高。亦即是兩者雖然存在負關聯繫數，但關係並非完全絕對。

弱美元對港股有利無害

筆者透過另一簡單分析，比較過去20年，每年美匯指數升跌與恒指同期升跌的關係，發覺過去20年，美匯下跌了9次，上升了11次。9次美匯下跌的年份，恒指有7次上升，兩次下跌；而11次美匯上升的年份，恒指則有6次上升，5次下跌。更有趣的是，美匯下跌及恒指上升的那7次，恒指平均每年升幅平均達32%，遠高於美匯上升及恒指上升那6次的平均每年14%的升幅。而美匯跌的年份，就算恒指下跌，其幅度(-12%)也較美匯上升的年份(-22%)溫和。

最終結論是弱美元對港股只有好處，沒有壞處，雖然美匯弱勢並不百分百保證恒指必定上升。所以當美匯指數轉弱為強之時，投資港股者便須提高風險意識。

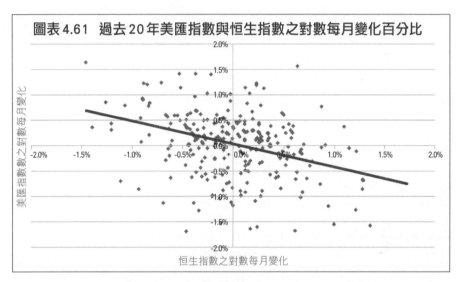

圖表4.61　過去20年美匯指數與恒生指數之對數每月變化百分比

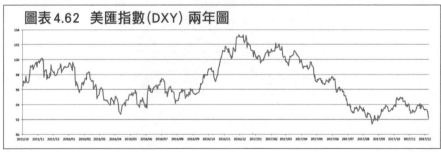

圖表4.62　美匯指數(DXY) 兩年圖

4.7 捕捉
市場拐點

基本分析及價值投資著重研究個股的財務狀態，增長潛力及估價。假如公司具備基本因素，與及擁有優透管理層和良好的公司管治，其股價於中長線必然最終反映其潛質。短線而言，由於股價不會立刻完全反映公司6個月至12個月以後的增長，純粹建基於價值投資，就要有心理準備，需要等待一段時間，其價值才能體現。

基金面對月回報表現的壓力，所以很少基金經理，會於建倉一刻便重注價值形股票，除非看到明顯的催化劑配合。基金經理決定長線持有的股票，假如業績理想和符合預期，會寧願在高位加倉增持。一般散戶的做法則相反，每當股價突然抽升，便急不及待的出貨，缺乏持貨的耐力，所以往往過早賣掉好股票，另一邊廂，卻遲遲不願將已虧損的劣質股砍掉，這是所有投資者經常犯的錯誤。

市場情緒變化極快

對於對沖基金，選股能力固然重要，捕捉市場拐點可能更加重要，尤其是過去數年香港市場大部分時間處於上落市。當股市回調時，優質股票也可以大幅度調整。反之，當股市反彈，垃圾股（主要是大價股）可以上升得更厲害。對沖基金由於比較靈活，可以透過拋空及持較高現金水平來對沖市場風險，所以犯錯的機會反而會增加。上落市的特色是，市場氣氛可以在很短時間內由過份悲觀轉為過份樂觀（或過度樂觀變為過度悲觀），假如市場突然反彈，過份對沖或持太多現金的對沖基金很大機會會跑輸指數。所以要求短線回報，捕捉市場拐點的能力，可能比選擇個股能力更重要。

大眾的預期通常不會出現

較近的例子是2016年12月，因為全球資金湧向美股，新興市場包括恒指大幅回落（按月下跌了3.46%）。市場氣氛普遍對前景保持悲觀，因為人民幣匯價一直偏弱，投資者皆恐懼2016年1月的股市大調整，因為當年年初的大幅走資，將會在2017年1月再度出現（因為內地居民有限額每年只可兌換5萬美元）。每個投資者都預期的東西，通常都不會出現，例如市場預期英國脫歐及特朗普（Donald Trump）當選美國總統後，市場會大瀉，但結果大

升。2017年1月人民幣沒有進一步下瀉（因為人民銀行將息口夾高及進一步堵塞資本外流），中港股市反而大升。假如2016年底及2017年初堅持看淡後市，便很大機會錯失了可能是2017年最大升幅的月份（2017年1月恒指上升了6.18%，跑贏了絕大部分環球股市）。2016年的最大拐點是6月23日的英國脫歐公投，大多數環球股市及資源類股份，差不多都由那天起見底復蘇。

4.8
中資股要計及
政治風險

2013年7月，華潤電力（00836）被指控於2001年用120億人民幣，高價向山西金業煤焦化集團有限公司收購十項資產的醜聞（其中三個礦的採礦證已過期，交易完成逾兩年半仍沒有煤出）。一般這類負面新聞通常只會發生在小型股上，貴為藍籌級的央企集團竟然成為貪污事件主角，可說是出乎基金界意料。

筆者十多年前是專責追蹤研究紅籌公司的投行分析師，華潤集團一直給予投資界的印象，是管理較專業化，雖有中資背景但亦具備香港本地藍籌股的透明度，加上與中央的緊密關係，其最大賣點是可以經常以低價收購合併國內優質資產，然後壯大上市公司，所以系內股票一直是基金寵兒。龍頭華潤創業（現改名為華潤啤酒）（00291）早於1997年便已被選為恒指成份股。紅籌公司中，華潤系內公司的重組，收購合併，分拆上市及私有化等的動作最頻繁，集團於香港獨立上市的公司也最多，包括華潤創業，華潤置地（01109），華潤電力，華潤水泥（01313）及華潤燃氣（01193）。前三者且已成為恒指成份股。

高管套錢3大方法

中國民營上市公司的特色，是很多大股東都急於利用各種財技，在資本市場套取短線利潤，在股市上將股票炒高賺錢，永遠比做實業賺血汗錢來得快及容易。低落的公司管治及備受懷疑的帳目，導致海外沽空機構以往多番狙擊，紅籌股某個程度上也有急於賺快錢的毛病。

紅籌老總，一般由國內相關政府部門委派來香港擔任高管，大部份都有任期限制，通常是5到10年，最終會退休或被調返國內。他們的工資雖然比國企老總為高，但肯定低於香港藍籌公司管理。而能被委任成為香港上市公司高管，當然有強大政治背景或支持。

有權力及政治關係自然會令人容易腐敗，高管或大股東要透過資本市場賺快錢不外乎數招技倆：1) 例如1997年亞洲金融危機爆發前，紅籌股不斷透過注資收購消息將股價炒上，然後高位配股，再利用部分公司集資資金再購入股票，循環不息地將股價推上，知情人士便有機可乘，利用內幕消息低位買入股票。被收購的項目往往回報偏低，加上上市公司管理層根本不懂項目的業務，所以若干年後又需要將資產重組或撤帳。最終吃虧的當然是小股東。2) 又或者透過高價買入將估值作大的資產，背後從中謀利。3) 或誇大資本開資及工程費用，將利益輸送往關連承建和供應商，然後收受好處。

反貪腐政治鬥爭

作為投資者，不要天真地以為上市公司的公開交易一定是公平及公正。很多外表專業，有良好公關及投資者關係聲譽的公司管理層，暗地裡做很多損害小股東利益，以權謀私的事情。這次醜聞突顯了投資中國的另類風險——政治風險。中央政府過去數年積極打擊貪污腐敗，結果連有後台背景的大集團人物都不能倖免被祭旗。政治風險亦間接令中資股的風險溢價上升，影響了估值。

退市的
啟示

當公司遇上市場或行業低潮與股價低迷時,便會有管理層考慮退市,將上市公司私有化。通常是管理層覺得估值便宜,雖然業務可能不景氣,但私有化後可以大刀闊斧的重組或裁員,不需要掛慮市場和小股東的說三道四,和面對業績表現壓力,加上幾年後隨時又是一條好漢,可以用高估值再度上市套現,實行低買高估。

阿里以更高估值重新上市

最經典的退市應該是於2007年11月股市高峰上市和2012年6月退市的阿里巴巴(前代號01688)。上市價和退市價均13.5港元,表面上投資者沒有虧蝕,但由於該股上市被超額認購達250倍,且大部分掛牌時間股價遠高於招股價之上,所以估計大部分投資者均虧蝕離場。那時的上市公司只持有增長已經放緩的批發交易平台,並沒有包括高增長的淘寶及天貓。到了2014年9月,阿里

巴巴才將上述業務在美國上市，但這次也沒有將增長潛力最大的螞蟻金服（裡面包括電子結算及支付平台支付寶）放在上市公司。阿里第一次在香港上市時集資16.8億美元，第二次在美國集資超過250億美元。有點肯定的是第二次上市阿里業務的估值（市盈率約45倍）遠高於第一次退市時（約32倍）。

百麗現金流強勁

恒指成分股百麗國際（01880）於2017年4月宣布申請退市，作價6.3港元，相等於13.8倍預測（2018年2月）市盈率。2007年5月當年的招股價為6.2港元，估值約為25.9倍市盈率，超額認購達516倍。這次私有化方的團隊包括管理層及私募基金高瓴資本。

百麗近年面對電商挑戰，業績倒退，管理層又多次表明不懂經營網上業務，似乎早已萌生退意。盈利雖然倒退，但百麗每年仍然產生約30至40億人民幣以上的強勁自由現金流（2017年2月年度盈利為24億人民幣），且持有淨現金達86億人民幣（約市值的18.9%），財務非常健康。扣除現金部分，私有化作價其實只有5.15港元左右，即預測市盈率只有11.3倍。

成功退市，收購方除笨有精。由於涉及私募基金參與，估計退市只是第一步，未來再上市套現的機會非常高。私有化後由於不受

監管，收購方可以輕鬆地將業務重組分拆，撤除或關閉虧損附屬公司，甚至收購或合併其他網上銷售公司，或將公司重新包裝或到估值更高的內地 A 股市場上市。

百麗最後經過股東會通過私有化，並於 2017 年 7 月 19 日正式除牌。由於百麗招股時被高倍數超額認購，且上市第一天已漲了 31.3%，估計大部分長期持有的股東成本價均高於私有化的作價（不計由上市至退市中間一共分派了 1.444 元現金股息）。

Chapter 5
機構的投資方式

機構式的
投資研究方式

基金及機構投資者相對散戶有極大的投資優勢，因為前者僱用專業團隊，全時間追蹤市場及股票，加上投資銀行及證券商提供的研究分析及資訊，有較多資源對宏觀經濟，行業及個股作深入調研，從而掌握市場拐點及公司前景，作出投資判斷。

機構式的投資研究，一般可分為兩種：

1）宏觀由上而下。大規模的基金公司，由於資產值龐大，產品眾多，覆蓋地域廣闊，所以資產配置非常重要，直接影響基金表演。規模愈巨大，就愈倚靠宏觀經濟分析，因為只能投資流動性最高的證券。資產配置比例按區域（例如亞洲相對歐洲，發展市場相對新興市場），國家，證券類別（例如債券相對股票），行業（例如科網相對製造業）等等。這些決定往往直接支配資金流向，對開放型的股市走勢（如香港）有舉足輕重的影響。作為小投資者，假如熟悉宏觀經濟，便可以較早洞悉國際資金流向走勢（例如聯儲局加息，美元升值，可能會吸引更多資金由新興市場流入

美國市場)。

2)微觀由下而上。大部分中小型或單一市場基金都會倚賴由下而上的個股研究。除了研究公開資料外,分析員及基金最重要的調研來自與管理層的會議接觸,以至實地廠房考察。年報上的數據是死的,而且隨時充斥水份。和內地高層管理層(大股東或首席執行官)會面最重要的並非從他們口中拿到的財務數字(很多分析員甚至基金經理都喜歡鑽牛角尖,經常在會議上喋喋不休的追問會計數據,猶如用汽車倒後鏡去看公司),而是從他們的對答考

核他們對公司或行業的認識程度，營商策略，危機意識，如何面對及解決難關，更深一步的是希望了解管理者的為人（例如是否過份吹噓或者欠缺信心），羅輯思維，出身背景及發跡故事，從而判斷管理者的誠信及素質。

投資者考察廠房，為的是更了解生產流程及管理。由於該活動必須由公司事先安排，所以就算實地考察，生產線上都一定坐滿工人。但假如看到很多閑置的生產線而管理層又聲稱滿接訂單或者營銷增長強勁，那就要小心。此外，要更了解公司的實際情況，應該趁考察時把握機會與中低層的員工，工人，守衛員，甚至司機溝通，幫助交义印證管理層的説法。

假如是當分析員的，會建立財務試算表模型，對收入，利潤，現金流以至資產負債表作出預測，然後按照這些數據作出估值評核。財務或者基本分析並沒有絕對正確或錯誤，因為高估值的股票可以繼續上升而低估值者也可能繼續下瀉。

360度分析

上市公司管理提供的觀點肯定會有偏見，所以更深入了解公司及其行業前景，必須從不同角度調查。最容易找到的資料，就是透過拜訪及研究同一行業及類型的上市公司及競爭對手。假如某公

司的毛利及利潤率遠高於所有對手，又不能作出合理解釋，投資者便須留意。此外，要更全面的了解，甚至需要熟悉上游供應商及下游顧客，以至和公司中下層的員工溝通，以求獲得全方位的意見。所以具規模的基金不惜花費聘用所謂「專家網絡」，務求找到比市場更深入的資料作投資判斷。希望透過資料不對稱（Asymmetrical Information）取得投資優勢。

雖然如此，但基金也不能確保一定跑贏大市，尤其是當市場短線突然大漲。基金的強項是資產龐大，投資決策往往能影響個股方向。但這亦是基金的最大弱點，因為轉身困難，難以於短時間內輪換板塊或投資市值太少與缺乏流動性的股票，兼且有時太過注重基本面及價值投資，牛市時錯失很多短線投資機會或者質優但昂貴的增長股。

紙上談兵與實戰操作

從當了10多年的分析員至超過10年的實戰操盤經驗，看到成功的對沖基金，要跑贏同儕，而不只是像分析員的紙上談兵有3點非常重要：

1）當大市轉角時，果斷於低位短時間內大幅度增加倉位，或者在股災或大調整前，獨排眾議，敢於高位大幅減持；

2）當持有的股票開始被市場重估時，大幅度增持比重；

3）市場出現波動時有足夠定力維持倉位，甚至有確信力在低位增持。

換句話說，把握時機及捕捉拐點是致勝最重要之道。不論做了多少研究功夫及擁有多少行業知識，假如沒有足夠心理質素及果斷執行力，組合回報一定不會理想。回報表現差通常是幾點常見原因：炒賣太頻繁，跟風高位買入，或者太懼怕風險（即長倉位太低，頻繁交易或太多對沖）。

用望遠鏡　不是看倒後鏡

因為互聯網及科技的迅速發展，令很多傳統行業（例如零售及百貨）受到衝擊。私募股權基金對所謂破壞性科技（Disruptive Technology）趨之若鶩，願意提供大量資本投資，讓許多新成立的科網公司利用燒錢方式，補貼消費者以搶奪市場佔有率。很多脫穎而出，成功上市的科網公司，因為用戶數字急促增長，所以就算沒有盈利，市場亦願意付出高估值買入，例如美國的亞馬遜（Amazon，AMZN）及特斯拉（Tesla，TSLA）。投資者找尋增長股時，需要用望遠鏡，想像未來5年或10後的世界將會怎樣，然後篩選擁有管理及執行能力的破壞性公司投資，而不是只單純著眼於歷史會計數字及估值。

以夏普比率比較基金表現

媒體時不時有文章揶揄對沖基金的回報太低，收費太高，尤其是在大升市中，對沖基金經常跑輸互惠基金。而中長線而言，互惠基金又跑輸管理費最低及被動式的交易所基金（ETF）。

事實上對沖基金的策略非常繁多，大部分真正執行對沖者，其目標並非追求最高，而是穩定及低波動性的回報，即所謂絕對回報，包括在跌市時亦可以交出正回報。所以真正做對沖的基金，

其回報不能與互惠基金或指數作直接比較。評估有做對沖（短倉）的基金，最常見的量度方式是使用夏普比率（Sharpe Ratio），即調整了風險和波動後的回報。

公司納入指數 高增長期已過

筆者認為交易所基金可以替代大部分追蹤指數的互惠基金，但並不能代替對沖基金的功能。交易所基金的最大弱點是它必須包涵指數內劣質及夕陽股票，而且回報必定被最大的成份股所左右。而指數內市值最大的公司又可能是缺乏增長的成熟公司，指數一般不會涵蓋高增長的中小型股。就算有，其比重都會無關重要。有時候當增長公司（當市值夠大）被納入指數內，其最高增長時間可能已經過去。

大家要比較基金表現時，假如回報波動性是投資考慮之一，便需要參考它們的夏普比率，然後將同類形策略的基金放在一起比，比較的時間應該起碼以一個股市周期作準，即至少3至5年時間。例如大中華互惠基金（因為皆是長倉及追蹤指數）是一類，進取的對沖基金歸一類，平衡穩定回報的對沖基金又是另一類。

分析員的
潛規則

2016年8月，某電子支付概念中小型股的首席財政官（CFO），於業績發布會時公然將某投行分析員趕走，原因是該分析員的報告建議為「賣出」。過程被參加者用手機拍下，片段瘋狂流傳至行內不同社交群組，第二天更被各大財經媒體轉載，演變成公司管治及公關災難。事隔兩天CFO發出公開道歉信，但事情仍未能了結，再過數天公司宣布CFO請辭。

隱惡揚善自古有之

投行分析員自我審查報告建議，穩惡揚善的文化自古就有，原因是：1）作賣出建議隨時得罪氣量小的管理層，以後難以獲得第一手資料，因而失去分析員的競爭力；2）大股東及高管的收入通常與股價掛鈎（例如透過期權），所以就算表面故作大方，內心必定對作出負面建議的分析員有偏見；3）投行的收入來源，主要靠企業融資部，假如研究部不配合甚至作出沽售建議，該投行能爭

取到配股包銷的可能性必定微之又微。所以，買入建議的分析報告，永遠都佔總體七成以上。假如上市公司已具規模或者有融資部的參與，分析員為了討好管理層或同事，就算看淡該股票，頂多將建議由「買入」降至「持有」，以維持友好關係。

個人利益先行

筆者10多年前在外資投行當中資股分析員時，就因為將某大紅籌股建議下降至「持有」評級，而遭受融資部主管的警告，告訴筆者該公司的首席執行官（CEO）對報告建議非常不滿，而且威脅融資部，聲稱上市公司難以和投行維持商業關係。最可笑的是該CEO之前曾經在監管機構當要職，後來更身兼某公司管治單位的發言人。有些同業亦經歷過類似事件，朋友以前是某大藍籌股的分析員，某次降低了該公司的評級後，公司高管親自打電話給同業，表面上是希望了解降級的理據，實際上是想施壓希望同業改變初衷，更改建議。

獨立分析非常重要

金融界是一個充斥利益的地方，投資者必須建立自己的獨立分析能力，不能道聽途說的跟隨媒體，投行或分析員的建議。經驗豐

富的基金經理，通常只會參考分析員的理據及資料，然後自我判斷，很少會追隨建議而立刻作出買賣決定。因為大部分投行均缺乏獨立性，所以「買入」建議的參考價值愈來愈低。例如多年前，筆者曾經效力過的某投行地產分析員，無論業績好壞與否，永遠都對旗下幾家公司維持「買入」評級，背後可能為了維持投行業務或者個人與管理層的友好關係。

5.3

拋空的
風險

因為漢能薄膜（00566）的長期停牌，有對沖基金曾經向港交所（00388）施壓，認為上市公司長期停牌令沽空者及零售投資者受困，理應限制停牌時間。筆者絕對同意以上說法，長期停牌令投資者無法套現，沽空者不能平短倉。假如是中小型股票，融券借貸利息往往高達年息雙位數字以上，令沽空者就算看對了股價方向，也可能最後要虧蝕離場（如果年息20厘，停牌4年多的融券利息支出已超過100%）。此外，基金到了年度終結審核，更加要向審計師大費唇舌解釋及釐定停牌股票的公平價值。

空對了仍會虧損

筆者之前拋空了漢能薄膜，就因為停牌被卡住了8個月。這隻股票的融券年息超過20厘，因為證監已勒令停牌，所以就算在場外找到願意持貨者出讓股票平倉，很多證券商也不願受理，因為合規部門不願承擔風險執行。去信證監會查詢，只解釋說投資者可

以嘗試在場外結算，對於何時能復牌卻不能作出任何評述。

幾經艱辛找到一家本地券商及其持倉者願意受理及沽貨，結果才得以將短倉平掉。拋空中小型股另一風險就是，假如該股票的公眾持股量偏低，但拋空比例偏高，有借出大量股票的持有者需要賣出該股，證券商便會追逼拋空者平倉（Stock Recall）及交回借出股份，就算處於虧蝕狀態或股價急升，也被逼要在市場追買補倉。所以被挾短倉（Short Squeeze）的威力絕不可少覷。

長期停牌對拋空者不利

香港有很多中小型股停牌了數年也未能恢復交易。在美國主板被停牌，該股票通常會被轉而至場外交易市場（OTC 或稱 Pink Sheets），讓投資者仍然有機會套現。假如完全不合規就最終被除牌。長期停牌令大小投資者均受損，監管者應考慮設立類似美國的機制，讓投資者仍有逃生門。

少有人在拋空上長期賺錢

認識大部分對沖基金朋友都認為靠拋空來賺錢並非易事，事實上在升市當中大部分人的短倉都是虧損的。短倉最大的作用是用來對沖組合內的波幅。股票的特色是上升時大部分時間上都是緩慢

的，但下挫時卻很突然，於很短時間內發生且非常急促。所以持有短倉，就算看對了基本面，也可能需要捱過一段虧蝕的時間。另一最大風險是假如短倉股價短期不停上升，虧損的部位有可能無限量擴大，所以必須止蝕，因此拋空時間的掌握必須比長倉更準確。

5.4

對沖基金的
策略

之前提及過對沖基金不同的操作招式和導向，以下解釋一下市場最常見的對沖基金策略，讓大家知己知彼。

長短倉令組合波幅減少

長短倉策略是指買入預期股價會上升的股票，並沽空預期股價會下跌的的股票。

從基本面分析來説，對沖基金經理會買入基本面良好，未來盈利大幅增長，但估值較便宜的股票，並沽空基本面差，前景暗淡但估值昂貴的股票。由於淨持倉率（Net Exposure，即長倉減去短倉）可能低於100%，長短倉策略可令市場風險以至組合波幅減少。

事件主導發掘機會

事件主導型投資旨在利用可能發生的上市公司行動(Corporate Action)之前或之後而出現市場定價失效，從中獲得利潤。上市公司行動包括業績發布、破產、收購合併、重組、私有化或分拆。

宏觀趨勢影響部署

環球宏觀策略通常使用利率趨勢、國際貿易數據、政治變化、政府政策、外交關係以及其他廣泛的系統性因素的預測和分析。對沖基金經理會對與國家經濟，歷史和國際關係有關的大型事件作出解釋和預測，因應自己對各國的整體經濟和政治觀點而作出方向性投資。

相對價值從中獲利

相對價值策略是指嘗試利用高相關性的證券價格或利率差異計算「相對價值」的差距，如差距到頂而預期會收窄，相對價值型基金可能會同時購買和出售不同的證券，從而從兩種證券的「相對價值」中獲利。相對價值具有相對較低的波動性和市場中性(Market Neutral)。

風險套利用途多

套利策略包括轉債套利、股指期貨套利、跨期套利、ETF套利等，是最傳統的對沖策略。其本質是金融產品定價「一價原理」的運用，即當同一產品的不同表現形式之間的定價出現差異時，買入相對低估的品種、賣出相對高估的品種來獲取中間的價差收益。因此，套利策略所承受的風險是最小的，更有部分策略被稱為「無風險套利」。風險套利例子有 (1) 併購套利(Merger and

Acquisition Arbitrage) - 公司出價收購時，收購價通常對市場價存有溢價(Premium)，所以同時購買被收購公司的股票，沽出收購公司的股票，如果收購成功後交易將成功套利。(2)清算套利(Liquidation Arbitrage) - 利用公司現時價值與估計清算價值之間的差額作投資交易。(3)可轉債套利(Convertible Bond Arbitrage) - 買入可換股債券而賣出相應股票從中套利。可換股債券本質是債券加上股票認購期權(Call Option)，由於其期權年期較長期，引伸波幅較低。對沖基金經理會沽空相關股票，再因應股價變動，沽空倉位，作Delta對沖。目的是沽出引伸波幅高的股票認購期權，從中套取引伸波幅差額獲利。

Chapter 6

沽空機構及維權基金謀略

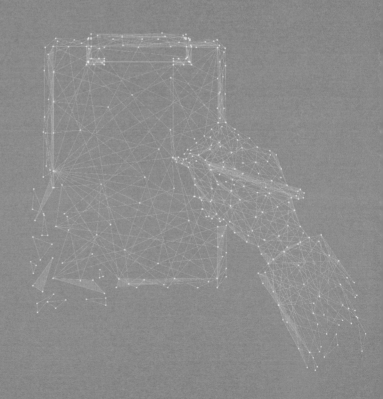

渾水摸魚
損人利己

2011年11月渾水研究(Muddy Waters Research) 發表了一份80頁長的報告,指責當時仍然在美國納斯達克上市的分眾傳媒(Focus Media)造假,主要攻擊點為 1)公司誇大了其電子屏幕50%的總量;2)過份超付了過往所收購企業的實際公平價並及後撤了69%價值共11億美元的帳;3)公司聲稱所收購,撤帳及其後賣掉的部分企業其實從未被買入。和之前的嘉漢林業(Sino-Forest) 不一樣,分眾是一間被機構投資者所熟悉及被廣泛持有的藍籌級美國上市民企,事件出現前其市值達35億美元。渾水的出擊時間掌握極盡計算(以筆者十多年分析員經驗,一份80頁的報告起碼需要一至兩個月的時間作資料收集,準備及編寫)。

拋空攻擊理據不足

首先,1)出擊前分眾剛公布極其亮麗的第三季度業績(純利同比增長60%,高於市場預測),股價正處於相對高位。渾水把握機

會用低成本購入大量認沽期權，以小博大。正因分眾乃藍籌級民企，所以其期權市場可提供足夠深度及流通量；2) 市場從2011年10月高位回落，歐債負面新聞每天皆是，投資者人心虛怯，容易被傳聞影響；3) 中國10月份部份經濟數據剛釋放，外國媒體不停報道中國增長放緩的負面消息。

報告發出後，分眾當天股價跌了39.5%（最多曾暴跌超過65.5%）。通常這種急跌只有沽空機構及相關人士可以獲利，跟風拋空者不一定可以賺錢，因為股價可能隨時反彈（第二天股價已反彈14.7%）。

基本面不變　股價反彈

渾水狙擊分眾的行動只可能是短線，因為本身理據不充分，而且所攻擊的敵人實力太強。第二天美國開市前分眾管理已經迅速作了公開電話會議回應渾水的指責：1) 渾水算漏了其餘兩種新一、二代電子屏幕（電子相片及相架）的數量，所以總數沒錯；2) 分眾已在最近兩，三年再無重大收購，有的也是前朝領導所作並已全被撤帳，對現今業務並無影響。部份項目撤帳是由於政府新法例及原有團隊離開所致，與作價無關；3) 部份收購項目以VIE（Variable Interest Entity）形式入帳，所以並不涉及股權轉讓。從基本面看，分眾是一間擁有特許經營能力（Business Franchise）的

中國戶外媒體龍頭，特點是現金流強，持有淨現金達六億四千萬美元（約當天市值的27%），且業務簡明。再者，公司在2011年10月初時宣布把股份回購總額由4.5億美元提高至6.5億美元（其中只有3.15億美元耗丟），公司有的是子彈可以低位吸納。公司的機構股東都是星級國際長線基金，隨時增持。第一大股東香港上市公司復星國際（00656）及第二大股東主席及首席行政官江南春就立刻在公開市場斥資1,035萬美元及1,100萬美元增持以示支持。分眾在國內的關係與網絡根本不能和一般微型的海外上市民企可比。

退市美國　回歸A股

分眾最後於2013年5月以27.5美元成功在美國退市,當時市值為35.6億美元。退市價遠高出被狙擊時的2011年11月21日最低位8.64美元。之後2015年12月再用上海A股七喜控股(002027.SZ)借殼上市,2017年10月市值約達1,491億元人民幣(即約225億美元),比在美國退市時的市值漲了5.3倍!外國投資者嫌棄的中國公司,回歸祖國估值立即得到大幅度提升,到底是外國人不懂中國國情,抑或內地投資太盲目熱情?投資時必須留意當地股票文化,因為大家對同一樣東西可能有不同的評價及看法。

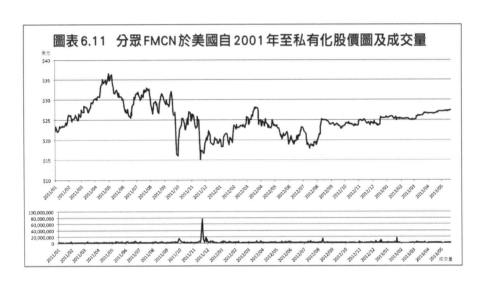

圖表6.11　分眾FMCN於美國自2001年至私有化股價圖及成交量

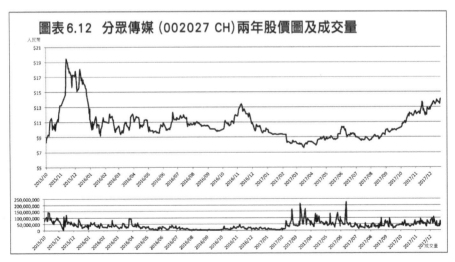

圖表6.12　分眾傳媒（002027 CH）兩年股價圖及成交量

沽空機構
敗走

於2012年6月狙擊恒大（03333）的沽空機構香櫞研究（Citron Research），2016年8月被市場失當行為審裁處裁定其沽空報告誇大失實，被證監會指其誤導市場，判決被禁止參與香港市場5年，及須交出利潤160萬港元及承擔證監的400萬元訟費。沽空機構被法庭裁定敗訴，在香港屬首次，此案例對沽空機構在香港股市的未來活動，將會產生深遠影響。

沽空報告引發恐慌拋售

由於沽空機構要不是匿名，就是身在海外，所以所發布的研究報告一直不受證監監管。市場對具懷疑及被指控的上市公司，一般反應都是立刻非理性拋售，令沽空機構很容易有機可乘，只要使用較負面及煽動性字眼，便輕易引發投資者恐慌。

這些沽空機構大部分都是小本經營及缺乏規模的小型公司，先沽空，後發報告，然後引發股價波動，最後獲利。由於市場容易恐

慌，所以成功率極高。但因為公開報告前必須保密，沽空建議不能預先出售給其他投資者參與，所以收入模式不能放大，加上狙擊對象一般為中小型股，受制於流動性，融券成本及股票可借貨數量，注碼不能過大。假如狙擊中大型股，風險可能更大，隨時被長線大型基金挾倉。

損人不一定利己

此次裁決，披露了香櫞只能在中大型股恒大的身上賺得160萬港

元利潤，被狙擊當天恒大下跌了11.4%，市值蒸發了76億元。從中可看出，狙擊行動其實損人又不太利己，市場上絕大多數人都是虧損，少數得益者的利潤絕對抵不上蒸發掉的市值及投資者的虧蝕。大部分沽空者的造淡理據，都是指控上市公司造假帳或者盈利被誇大，但要拿出真憑實據，其實非常困難。隨非有內幕人士將帳目公開，否則大部分都只是流於表面上的指控，或者不能確認的證據。

這次判決將會逼使沽空機構行事更小心，拋空理據必須有真憑實據及基於公開資料。雖然市場上有不少財務報表充斥著水份的公司，正路的分析只能根據公開數據作出判斷，對具懷疑的公司採取不信任，但不能輕易的指摘對方造假帳。沽空機構不能胡亂隨便的狙擊上市公司，某程度上是保護了小投資者。很多被狙擊的上市公司，最後被清盤，大多數是由於股價下瀉，市場信心盡失及觸及違約，逼使債權人，銀行或供應商提早要求還款，令公司流動資金出現困局，以至最後走上關門之路。

狙擊小型股為主

相信上市公司普遍認為沽空機構的行為神憎鬼厭，對其印象負面。沽空機構的一般做法是鑽空子尋找上市公司的財務疑點及產品缺陷，然後建立淡倉，再加鹽加醋，無限放大地大造文章，之

後公開報告，務求製造震憾性，令持貨者爭相拋售，形成雪球效應，令目標公司股價大瀉，最後平倉獲利離場。根據過往香港上市公司被狙擊的歷史，沽空機構獲利的得勝率應該是百分之一百。筆者曾經和某著名美國沽空機構溝通，卻發覺其營運模型大有問題，隨時有虧蝕風險。

沽空機構隨時賠錢

為了保持機密，這些機構只能運用自營資金作拋空，由於狙擊目標以小型股為主，估計其每次注碼頂多是數百萬美元。某機構每年平均狙擊4家公司，假設沽空每注500萬美元，每家平均獲利50%，一年的毛利約為1,000萬美元，扣除工資，調查費用及固定成本，其利潤每年約為500至700萬美元之間。最大的關鍵是法律訴訟開支，假如上市公司提出訴訟，官司隨時一拖數年。霸王集團（01338）對《壹周刊》長達6年的誹謗官司被判勝訴，後者便須要賠償300萬港元及負責前者8成訟費約3,000萬港元。換句話說，《壹周刊》就此訴訟的法律開支可能高達7,000萬港元（即差不多1,000萬美元）以上。巨額法律開支就算大機構也會吃不消，小本經營的沽空機構只需纏上數宗訴訟，便需要關門。怪不得另一沽空機構Glaucus Research願意於2016年4月在美國加州法院和瑞年國際（02010）作出庭外和解，同意停止再發出關於後者的沽空報告。

內地上市公司財務水份多，是不可爭議的事，但沽空機構的狙擊理據大部分都難有真憑實據去證實，所以證監會有意監控這些沽空機構的活動，透過民事訴訟，逼使它們自律。每次沽空狙擊，只有極少數的人能獲利，所有大小持貨者都要陪葬，上市公司經狙擊後聲譽受損，無論股價及業務大多數都會一沉不起。假如公司長期停牌，大小股東，甚至沽空者都要賠錢。總體來說，這些高調沽空建議，分分鐘損人不利己，只有破壞，沒有建設。

沽空行為須受監管

沽空機構的行動無疑有阻嚇上市公司造假帳的作用，但問題是很多指控都難以求證。某些目標公司最後破產，主因都是債台高築，股價下瀉後，流動資金出現問題（例如銀行要求立即還債或難以延續債項），導致萬劫不復。傳媒造文章指控上市公司，其破壞力同樣巨大。而傳媒對上市公司所作的盡職調查，遠遠差於沽空機構，但因為傳媒並非金融機構，又涉及媒體監察及新聞自由等等理念，其報道更難以被監控。例如非證監持牌人可以隨便在媒體上評論建議股票，但持牌人假如在媒體文章上分析失實或有利益衝突，便須負上法律責任。

6.3

維權基金
阿克曼的教訓

美國維權對沖基金 Pershing Square Management（管理資產約110億美元）主持人阿克曼（Bill Ackman）經常成為投資界風頭人物。這次不再是他自誇好勝之言，而是承認落敗之舉。2017年3月14日，他把持有的加拿大醫藥公司 Valeant（VRX）忍痛止蝕全部賣光，亦將退出董事局，原來成本達40億美元價值的股份，以10億沽出。加上沽售認沽期權及買入認購期權的虧損，就算扣除早前在高位的減持，估計投資於該股的總虧蝕超於37億美元（總投資前後超過51億美元）。VRX 於之前一年下瀉了67.17%（比較2015年8月6日高峯下跌了95.8%），市值只剩下38.3億美元。

變數太多勝算難保

阿克曼的投資作風以高調見稱，經常在財經媒體上宣傳自己的確信投資。他是維權基金（Activist）的佼佼者，當長倉增持至佔公司某大比例時，便會發公開信要求董事局改革，甚至委派自己或同

事入局或者提出更換管理層。他的組合以高度集中見稱，通常只持有10多隻長倉股票。2014年淨回報達40.4%，曾經是當年大型對沖基金冠軍。基金近數年被VRX及康寶萊（Herbalife，HLF）短倉虧損所拖累，2015年及2016年分別下跌20.5%及13.5%。2017年也不好過，被重倉股墨西哥快餐連鎖店Chipotle Mexican Grill（CMG）所拖累，頭9個月下跌了5.8%。2016年8月宣布購入該股10%，平均作價405美元。13個月後，該股下瀉至只有276.1美元。

背後到底發生甚麼事呢？事源2015年10月沽空機構香櫞研究（Citron Research）指控VRX，通過不正當銷售渠道以高價出售其藥品，之後更遭政府檢控，公司股價於是江河日下。阿克曼於2013年亦曾於低位止蝕及沽清曾經重倉的百貨公司JC Penney（JCP），該次的失敗由於美國百貨業進入結構性倒退（被電子商貿搶去生意），以及該公司由阿克曼委派的前首席執行官在市場定位上出了錯。阿克曼自2012年底拋空的10億美元康寶萊短倉（等於總資產值約9%），估計虧損達3億美元以上。阿克曼認為康寶萊從事層壓式營銷，要求聯邦貿易委員會將其關閉。監管者雖然於2016年作出調查，但只罰了該公司2億美元，公司並同意重組業務作為和解條件。康寶萊不死的另一主因是其業務現金流強勁，一直分紅及有能力回購股份，吸引了另一金融大鱷伊坎（Carl Icahn）的垂青，由阿克曼公開其短倉後，就一直在市場增持，並透過媒體公開與後者對著幹。其後有報道指伊坎增持康寶萊的股份由24.2%至24.6%（估計倉位值12.6億美元），令市場其他看淡者不敢圈動。

要獲取高回報，必須承受較高風險。維權基金的做法是通過深入研究及調查，透徹了解公司，然後透過股權的影響力，主動促使管理層革新，從而釋放隱藏價值。投資方法近乎私募股權，所以理論上成功率應該較高。但投資上市公司始終存在太多不能控制的變數，例如監管法規，市場結構變化，管理執行困難，市場人

士的不同看法，股市周期等等，就算花了無數時間鑽研，甚至參與公司管理，維權基金的個案都可能最終失敗。

風險難避順勢而行

傳統價值投資認為股價愈跌應該愈加注，這種說法對優質公司而言可能是對的。問題是如何判斷公司的質數？藍籌公司也會變質，股王在股災出現時也會一直下瀉。強勢如阿克曼，不論他的信念多麼強烈，最後也要認錯。但假若他的投資信念是經常左搖右擺，輕易止蝕，相信他沒有可能擁有今天的成就及財富。投資必須冒風險才能獲得高回報，簡單的道理是當大市順勢時就需要大膽前進，但當逆水行舟時，就必須小心行事，減少犯錯。難的是中港股市的趨勢愈來愈短暫，所以追尋高回報也是愈來愈困難。因此投資眼界必須不停擴闊，不應墨守成規。

6.4

市場

警察

由保羅辛格（Paul Singer）創辦的對沖基金 Elliott Management Corporation（管理 327 億美元），可說是當今最著名，最活躍及最具規模的維權對沖基金（Activist Hedge Fund）。2017 年 4 月，他們公開狙擊澳洲礦業巨擘必和必拓（BHP Billiton，BHP），並已持有該公司的 4.1% 股份（總值 38.1 億美元）。

狙擊足迹遍及全球多國

Elliott 發公開信至董事會，要求公司進行三項改革：1）將美國開採石油業務分拆到紐約交易所上市；2）將更多的利潤回饋給股東（增加回購股份）；3）將現時的雙邊上市（英國及澳洲）結構統一，以澳洲作為總部。Elliott 認為這些行動會幫助提升股東價值達 51%。必和必拓已立即回應，認為 Elliott 的建議壞處多於好處，對股東將會造成損失。

2017年3月Elliott曾經狙擊持有3.25%股份的荷蘭油漆及化工公司Akzo Nobel NV（AKDY），要求對方與美國公司PPG Industries（PPG）進行賣盤談判。2016年10月則要求南韓三星電子（持有0.5%股份）精簡股東架構，將其電子業務分拆到美國納斯達克上市，分派270億美元特別股息及增加獨立董事。

擊敗阿根廷政府 針對東亞銀行

Elliott最經典的一役是與阿根廷政府周旋長達15年，最終逼對方於2016年3月償還46.5億美元（於1998年買入）的違約債券予4間對沖基金，連本帶利Elliott在此役的回報高達392%。在香港亦可見Elliott的足迹，自2007年，Elliott（現持有7%股份）已經公開針對東亞銀行（00023）的配股行動。最近於2015年再次反對東亞配股（66億港元）給日本三井住友銀行，認為此舉對小股東不公平及等同保護創辦家族的利益。2016年7月Elliott又對東亞及其董事提出法律訴訟，要求主席李國寶辭職及公司賣盤。

催逼公司改革

Elliott狙擊的對象一般是市值龐大的藍籌級公司。有資產就有影響力，配合其知名度及媒體追捧，他們所號召的行動隨時一呼百應，美國的大小基金都會追隨及配合。但在美國以外，尤其是亞洲，他們的影響力就有所不及，因為複雜互控（如南韓的互相控股）或家族式（單一大股東持51%或以上）的控股架構，令美式的維權行動難以動搖董事局。就算李氏家族並非東亞銀行的最大股東（三井住友銀行，西班牙Criteria Caixa及國浩分別持有19.01%，17.3%及14.15%，而李氏家族只持有約14.17%），但因為第一及第二大股東均是李氏的友好，狙擊者難以左右董事局決

定。由於李氏過去數度讓公司配新股予兩位友好，直接攤薄了小股東及 Elliott 的股權，所以後者亦因此而訴諸法律行動。

保障小股東利益

維權基金發揮的作用，是逼使沒有效率或苟且安逸的管理層作出改革甚至呈辭，使股東回報得以在短時間大幅提升。他們的行動有點像沽空機構，但總體上對大小股東都能提供正面貢獻，而不像沽空者只能讓一小撮人得益，而絕大多數人（包括持股者，持份者，銀行，供應商和員工）受損。通常公司董事都會指摘維權基金只尋求短線回報而忽略公司長線發展策略。但資本市場上的確存在太多表現不濟的管理層，維權基金某程度是扮演了市場警察的角色，幫助保障小股東的權益。

6.5

港式
維權行動

2017年2月一間本地對沖基金 ASM（下稱基金）對中華汽車（00026）（下稱中汽）進行狙擊及逼宮，認為公司估值存在大幅折讓（股價相對市場價資產淨值每股 233.7 港元，存在近 6 成折讓）。公司且手持現金 26 億元（每股約 57 元）及擁有强勁租金現金流收入，應該進行股份回購及派發特別股息 20 元至 30 元，另每年分紅應不少於 3 元至 4 元（過去為 2.3 元至 2.4 元）。基金持有公司 3% 股份，聲稱假若公司拒絕回應，會於一個月內要求召開特別股東大會。

中汽過去屢受狙擊

中汽於 1981 年 1 月及 2002 年 4 月曾經分別被羅旭瑞的百利保及禹銘投資所狙擊。2002 年那次大股東被逼於 10 月宣布派發特別股息 18 元（11 月派發）爭取小股東支持。於該非常時期，為了防止被敵意收購，管理層被逼透過公司於市場作出多次回購。禹銘牽

頭的敵意收購，最後只有0.23%小股東接納建議，遠低於法定的50%。支持率偏低，有可能是大部分小股東都是老人家或者是不理會市場消息的人士，甚至是由信託者所持有。上兩次敵意收購行動，狙擊者最後均無功而返，但公司股價曾經出現大幅波動，最重要的是成交量大增，讓狙擊者有機可乘，可以從市場套現。能夠逼使出名吝嗇的大股東派發特別股息，禹銘算是贏了一小仗。

敵意收購少有成功

中汽大股東三姊弟顏潔齡，顏傑強及顏亨利現在分別持有上市公司股份10.71%，15.81%及15.3%（合共41.82%），另一獨立小股東及長線投資者陳君實持有12.26%。除非其中一位願意和狙擊者合作，採取一致性行動，否則對沖基金難以得逞。香港的維權基金少有成功案例，因為大部分上市公司都由家族或國家持有絕對大部分股份。事實上，香港市場上有不少資產出現大折扣的中小型地產公司，它們的特色是管理層不思進取，公司發展停滯不前，分紅比例偏低甚至沒有，股票長期缺乏成交，亦沒有進行任何投資者關係工作。更差者是管理層經常低位供股或配股，攤薄小股東權益。就算估值吸引，但因為成交疏落，稍有規模的基金都會卻步。這些股份只會在大牛市時曇花一現，假如持股量過多，炒作者亦可能走避不及。

股價反映大股東性格

炒逼宮消息的投資者要留意，基金只持有3%股份，法例上要求要持股5%才可以要求召開特別股東大會。由於少於5%不用公開申報，基金可以隨時在市場上趁有成交量套現。基金勝出的機會其實非常低，參與這戰役的投資者隨時會接火棒。基金使用是美國式的維權行動方法，持有少量股權，然後透過公開信件對管理

層施加壓力，希望他們對提出的要求就範。但大部分美國上市公司沒有單一大股東，管理層大多數是專業經理，而小股東則主要由基金組成，所以只要理據合理，隨時一呼百應，只持有少量股份或期權的管理層，為了自身利益（因報酬與股價掛鉤），可能亦樂見其成。此外就是美國的受狙擊公司，多數是有規模及成交量的股票，所以參與者眾多。

傳媒上有很多關於顏氏家族的報道，對於他們的管治手法及經營哲學可以略見端倪。以筆者20多年的投資及接觸過數百以上管理層的經驗，結論除了反映管治能力，股價其實某程度上是反映管理層的性格及價值觀。很多估值低迷的股票可以永久地低迷下去，中間頂多出現一些小漣漪。由於現時三位大股東年紀老邁（主席83歲，其餘兩位分別81及78歲），且沒有下一代承繼，日後股權最終必然出現變化，但持股者必須有長期作戰的心理預備。

高位買入　要離場不易

數月之後，隨著狙擊的消息影響力逐漸退卻及ASM再無提出甚麼新敵意收購的議案，中汽的股價及成交量亦逐漸回落。中汽在2017年7月份的股東會上宣布派發第二次中期股息0.3元，基金亦沒有作任何新的表態。到了9月，中汽股價已由2月底的高位

下跌了20%左右，交投量更加由每日最高二千多萬元萎縮了96%至不足幾十萬元，甚至更低！高位買入者現今要離場也並不容易。由於ASM基金持股一直少於5%，無需申報買賣，2月份時是否趁著公司交投活躍時高位套現，市場亦無法稽考。

圖表6.51 中華汽車(00026)股價圖及成交量

Chapter 7
認清幕後神秘力量

殼股

有價

殼股每隔數年都會像新瓶舊酒般成為市場焦點。2014年至2015年那次高潮阿里巴巴（BABA）入股多隻股票，包括以醫療健康（阿里健康，00241）及電影（阿里影業，01060）為主題所帶起。殼股的特色是原來市值細小，貨源歸邊，一旦有重大消息，加上有心人士的推波助瀾，股價動輒於短時間爆升數倍。參與炒作的散戶贏錢一刻如痴如醉，但股價隨時瞬間崩潰，由天堂墮進深淵。

人為因素多

由於人為因素太多，股價太波動，監管機構於2015年決定收緊借殼上市要求，指出持有高現金水平（即資產多於一半為現金）的公司不適合上市，隨時被停牌甚至被取消上市資格。此舉確實會令很多純粹利用賣殼消息炒作的公司減少，但對有實際注資及具資產實力的收購者其實影響不大。

借殼上市其實並非香港獨有的特色，美國及中國A股市場也有很多逆向收購（Reverse Takeover）的活動。例如本來在美國上市的分眾傳媒，私有化後就回歸深圳A股，借七喜控股（002027.SZ）上市。香港借殼上市的歷史，則要追溯至1993年左右的紅籌股注資熱潮。香港的上市殼公司有價有市並不是偶然，是求過於供才造成殼價節節上升。

需求殷切　殼價狂升

市場對殼股需求殷切，主因有：1) 在內地A股申請上市需要輪候（據報道獲批排隊的已有600至700間），審批程序繁複，且經常因為股市不穩被叫停；2) 有很多合資格民營企業過往並未有足夠繳稅紀錄，所以不能按正途申請上市；3) 打貪腐運動令內地財閥更急於將資產搬到資金可自由進出的海外市場；4) 香港作為國際金融中心，毗隣中國，內地資金可透過不同途徑南下；5) 香港上市象徵身份及地位，且上市公司又可於市場合法集資，幫大股東創富；6) 由於被收購的殼市值通常細少，所以收購者很容易透過財技，在資本市場上賺取巨款；7) 香港上市另一優勢是，本地市場擁有一大批熱衷炒作小型股的散戶（當中包括內地資金），令殼股成交量活躍，內幕人士容易套現。

鑑於內地的政治及經濟形勢,對殼股的需求只會有增無減。假如供應減少,殼價更只會有升無跌。由於殼股波幅巨大,屬極高風險及高回報之類,小投資者猶如進入賭場。只要有賭場,就會有賭客,投資者在賭博時,一定需要清楚知道自己可承受多少風險。

圖表7.11 炒殼每隔數年重演

1992-2003年	紅籌股借殼
1989-2000年	科網股
2004-2005年	濠賭股
2006-2007年	資源股
2015年	科網注資及賣殼概念

7.2 認股權證及牛熊證真面目

所謂妖股及老千股的小型股經常成為證監會調查對象。但有一種金融衍生產品,雖然長年累月令散戶虧損,卻從來未被證監會針對及很少被媒體作負面報道,這種產品就是國際投資銀行發行的認股權證(俗稱窩輪)及牛熊證。

只能買入不能沽出

認股權證其實就是期權,但和交易所所發行的期權最大的分別是,投資者只能從市場買入,卻不能沽出(即Write)認股權證。此外,投資銀行(即發行商)可以隨時隨地無限量地增發(上市公司每年只可增發20%,除非經股東大會通過批准)。尤其是當引伸波幅大升時(引伸波幅上升即期權價值上升),發行商可以在市場上沽出或增加發行高估值的認股權證,同一時間透過自家或其他私人銀行發行估值較低的股票掛鉤票據(Equity Linked Note 即 ELN)給高淨值客戶賺取價差及遠高於賣買股票的佣金。

買入 ELN 者差不多等同沽出認沽期權，替認股權證發行商對沖風險。投資銀行發行的牛熊證與私人銀行出售的股票累計期權（Accumulator）及股票累沽期權（Decumulator）關係亦雷同，後者廣泛被投行用作對沖前者風險。

莊家有可能不開價

已經手持認股權證的投資者，由於供應增加，引伸波幅被壓抑，就算所掛鈎的正股價上漲，認股權證價有可能不升甚至下跌。另外就是當股市或股價裂口於開市上升或下瀉，作為莊家的發行商有可能不開價（因為發行商無須當掛鈎股份或市場於短時間內出現高波幅水平和開市 5 分鐘內開價），令投資者無法即時套利或止蝕。

交易所期權不流行幕後原因

發達市場例如美國，投行發行的認股權證市場就不盛行，因為交易所指數或個股期權已非常發達及已擁有高流動性。交易所發行的期權，由於大小投資者都可以當買入方或沽出方，故期權價格一定會較公平公正。此外，投資者可以使用不同期權策略作對沖或收取期權金收入，幫助提升回報及贏面。但基於發行認股權證

是香港投資銀行的主要收入來源之一，某程度上直接與港交所發行的期權競爭，所以香港的股票期權市場發展一向並不理想，除了指數期權較活躍，只有少數藍籌股期權可供選擇，且普遍成交量疏落及買賣價差過闊，原因是只有極少數的證券商和投行願意當市場莊家開價。背後原因是投行根本無意讓港交所期權市場成功。

市場
吸水大法

有兩家上市10多年的某小型石化及消費公司可說是難兄難弟，兩者都是香港人作大股東及高級管理層，兩者都是中國概念股，後者數年前兼且曾一度持有前者超過13%的股份。兩者最雷同的地方就是在市場集資次數很頻密，有時甚至一年集資兩次。跟殼股不同之處是，這兩家公司管理標榜的是基本因素及偏低的市盈率，希望藉此博取基金垂青，而它們集資的對象也是以基金為主。

石化公司持股至今蝕九成七

石化公司在過去16年間配股或供股共12次，加上IPO的集資金額達港幣17.2億，它今天的市值只有不到6.7億。在16年裡，資本開資和投資總額達39億元，它的股本回報率由2002年度的48.9%下降到2012年度開始負數，更甚的是它過去14年從未派息，2017年11月市帳率只有0.17倍！換句話說，市場認為它現在

83%的資產值都可以作廢。如果按IPO價買入這隻股票並持有至2017年尾，帳面上虧損達97%! 在以往12次集資認購而持有至現在者都要虧蝕，最小的虧86%，最多的虧達99.5%，亦即是接近全部報銷。

圖表7.31 該石化公司集資歷史

日期	集資方式	集資金額 (百萬港元)
2001	上市	50
2001	配售	22
2004	供股	145
2006	配售	120
2006	配售	43
2006	配售	315
2009	配售	205
2010	配售	88
2011	配售	264
2012	配售	224
2014	配售	129
2016	配售	43
2016	配售	72
	總額	1720

假若公司決意造假帳，任何有經驗的審計和分析師也沒可能在短期內察覺出來。筆者一直認為要確認一家上市公司的真實性與業績基礎，一定需要觀察管理層一段較長時間，最好是經歷起碼一至兩個行業和股市低潮。穩定和較高的現金派息率永遠是上市公司貨真價實的最佳保證。

注意的是，公司分紅和回購股份並不代表公司帳目一定真實，因為管理層可能只不過利用配股集資的一小部份資金回饋小股東。用小股東的一小部份錢換取更高估值和市值，然後又可在更高位配股集資，除笨有精。

公司上市為抽水

另外，某中國消費概念股票就是採用這種模式在資本市場操作：公司上市 16 年有 5 年派息（平均派息率為 18.92%，最近一次為 2010 年度），但每年配股或供股接近一次（過去 16 年 10 次在二級市場集資合共港幣 18 億 4 千萬，另 IPO 集資 5 千萬元），每年的資本開支都十分巨大（10 年合共約港幣 26 億 3 千萬元），純利雖然有增長，但每股盈利經攤薄後一定原地踏步或倒退（2012 年的每股盈利開始轉盈為虧，之後每年虧損幾乎也擴大），同期股本回報率由 2003 年的 31% 一直下滑至 2012 年開始負數。這表示公司的投資愈多回報就愈低。

2017年11月經調整後的股價不到16年前的招股價的15%，現在市值只有港幣10億，比在市場集資的總金額還要少！基本上這是一家不停摧毀股東價值的公司，所以基金早已敬而遠之，大部分過去曾經持有過的基金最後均止蝕離場。從更壞的角度看，公司根本是透過不停的集資再投資，然後把股東的錢消耗丟和轉移到管理層自己的口袋 (透過昂貴的收購，擴產或開支)，一旦集資遊戲中止，業績和現金流能否維持將會是一個疑問。

圖表 7.32　該消費公司集資歷史

日期	集資方式	集資金額 (百萬港元)
2001	上市	50
2003	配售	59
2004	配售	120
2005	配售	205
2007	配售	254
2009	供股	152
2010	配售	460
2012	供股	229
2014	供股	81
2016	配售	51
2016	供股	228

這些管理層最常見的技倆通常是把公司包裝成價值股，將前景描繪得非常秀麗，例如未來市盈率只有5至6倍而盈利增長有30%以上，但需要擴展產能或作新投資，所以有必要集資。它們的借貸比例很多時都偏低甚至沒有，表面上看來非常健康，但實際上可能根本沒有銀行願意貸款，更可能的是它們一心只是為了在市場集資，然後透過資本開資把資金消耗掉。因為對很多上市大股東而言，資本市場集到的資金是公司的錢，而公司的錢亦即是等於自己口袋裡的錢。而向銀行借貸的錢，就算息口怎樣的低，有一天終歸要償還，所以最好是集街外錢作投資。

今次和上次不一樣？

奇怪的是為何一家不停摧毀股東價值的公司，仍然能夠在市場集資？理由眾多：1）市場上不斷有新進場的投資新手，可能是剛學投資的散戶，也可能是剛投資中國的基金經理和分析員，他們對公司以往的歷史不熟悉，沒有太大的包袱去抗拒；2）市場上永遠有一些強調價值投資的投資者被低迷的估值吸引，向高難度進發，總認為自己的目光比人強，眼光比人準，這次的投資論點和以前的不一樣；3）每次牛市重臨，雞犬皆升之際，必定有財經媒體推介一些落後股或超值股，貪婪的投資者往往因股價突然大升而跟風追入，而爛股就把握時機在高位配股；4）公司在每次高位

配股前必定有新的故事告訴投資者，可能是業務轉虧為盈，可能是物色到新的投資項目，可能是收購合併，總之要令投資者覺得今次和上次不一樣，今次是進入收成期，以往都是投資期；5) 每次配股總是有一些中小型的本地投行為了賺取較高的包銷費用而願意協助推介給新的投資者。

爛股有若愛情騙子

爛股就有如愛情騙子一樣，經常甜言蜜語，編出各種動聽故事使投資者入市，每次投資者都失望而回，最後分手離場，而愈遲退出者則傷痕愈深，痛苦愈大。分手後，愛情騙子又會尋覓下一個對象，按股市周期，循環不息。這些個案告訴投資者買進一隻小型股時，要清楚知道股東及管理者的背景，藝高人膽大者如果硬是要和愛情騙子一類交往，最多也只可發展極短線的愛情，絕不能交心。

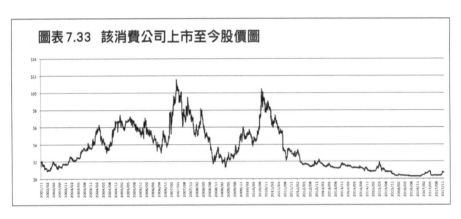

圖表7.33　該消費公司上市至今股價圖

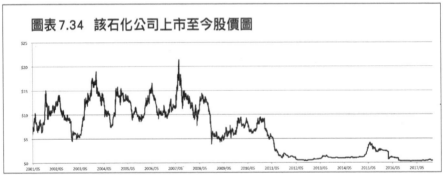

圖表7.34　該石化公司上市至今股價圖

假的
真不了

香港市場時不時便出現國際審計師拒絕審核民企業績，或辭退職務而導致上市公司停牌，又或者新上市不久的公司業績大幅倒退，與原來預測差距甚遠。新股質素倒退其實有很多原因。港交所（00388）在過往經常都號稱全球集資額之冠，背後其實暗示愈來愈多不合乎資格的公司也可以勉強上市。本身作為一家上市公司，港交所在審批上市上就早已存在了絕對的利益衝突，因為上市費用佔其營業額每年超過12%。要維持增長，港交所必定要增加每年來港上市的公司數目。

財技了得包裝上市

此外，隨著各大銀行金融機構已來港上市，大規模可上市的國企可謂已所餘無幾，現在新股來源主要是倚靠高速增長的民營企業。和多年前有所不同的是很多新上市民企，其主要股東往往不是其創業者或管理層，而是一班熟悉金融市場運作的海外或國內

創投基金（Venture Capital），它們財技了得，知道市場需要，通常把公司包裝得性感漂亮才上市，以求達到把股份以高估值出售。如果是消費行業，最常見的例子是用財政直接支持公司在上市前高速增加店舖數目，用專利連鎖店模式作大規模擴張，催谷上市前的營收和利潤。有些替原來作代工做廠的包裝轉型成品牌分銷或零售股，以便獲取二、三十倍以上的上市市盈率。通常這類公司都缺乏扎實的管理基礎，上市後因過度擴展，於是業務放緩，應收帳遞升，存貨增加，現金流萎縮，以致最後業績大幅倒退。民企中的運動用品板塊可算是一個具代表性的例子。

上市為套現

上市後業績走樣的公司歷來都不少，因為很多大股東都趁業務高峰時把握高估值上市，為的就是要在倒退前在市場盡快套現。有的為了增加短期利潤，可能在上市前給顧客提供更長信貸期或承諾未來給予更大折扣，務求促使業績在上市期大幅增長。這類公司在上市後業務和毛利通常無以為計。另外有一類的小型新股（很多時在創業板上市）業務可能毫不起眼，業績也只是剛達資格上市。其新股融資主要通過直接配售，很多時連公開招股認購也沒有，集資規模通常都在港幣一億元以內。這類新股背後大股東（通常並非管理層）主要是為了造殼，因為國內投資者及企業家對香港上市公司地位需求殷切。

投資民企先做研究

對於長線投資而言，投資於沒有管理紀錄的民企新股是一個頗危險的動作。要防止墮進陷阱，就要首先認識該公司的運作模式是否已持續了一段時間，公司管理是否受創投基金所控制，上市前的業績增長是否循序漸進，上市市盈率是否在合理範圍內(例如是否在15倍以內)，最後就是要反覆問其毛利率及利潤是否可信或「Too good to be true?」

民企地雷
學懂的功課

在過去二十多年的分析師及對沖基金生涯中，筆者曾遇上不少的地雷及中伏，有時甚至間接成為幫兇，有時則為直接受害者，全部有血有淚。

管理層悄悄減持無人知

筆者對股市地雷印象最深刻的其中一次，是當瑞銀分析員時，曾推介一家剛剛上市不久的國內家電公司。筆者之前一直以研究國企及紅籌股為主，那是第一次推介中小型的民企股。當時處於科網股熱潮，所以稍為帶有科技和電子元素的股票，分析員都趨之若鶩。這家公司上市一個多月便跌破招股價，筆者數度拜訪公司，管理層都堅持增長持續及毛利率維持不變，股價低迷皆因市場並不了解公司。

不久當股價比招股價下挫達26%（比高位已下跌52%!），市盈率跌至不到七倍，筆者認為機會終於來臨，立刻發出強烈購入的研究報告，並且御駕親征，主動安排管理層作非交易路演（Non-Deal Roadshow）。但股價表現極之邪門，除了初出報告的頭兩星期曾經稍作反彈，無論管理層在路演上怎樣唱好，股價繼續往下尋底，上市五個月，股價比招股價已下瀉了差不多60%，一年後更下跌達84%！

筆者事後聽聞部份管理層在上市後一直在減持（因為非大股東，加上股份可能分散由不同人士持有，所以沒有被鎖定及需要申報），而業績當然在上市那一刻已見頂，之後因為競爭及割價迅速走樣，從上市前那年度純利港幣三億多元轉為虧損差不多達一億元，雖然營業額上升超過16%，但同期毛利率下降差不多8%，把所有利潤吃光吃突。當投資者關係的管理層只是一位顧問，主要職責是替公司包裝上市及作公關，當他把股份賣光後便立刻辭職不幹，被欺騙的投資者及分析員（本人）欲哭無淚。

學懂5大教訓

這次經歷給筆者最大的啟示是：1) 永不能輕信管理層。所有管理層要先證明自己不是騙子（Guilty Until Proven Innocent）；2) 股價不會騙人。股價突然下瀉事必有因，只是你我不知道為何而已。無緣無故大升或大瀉都可能是知情人士偷步的迹象；3) 大部份趕著上市的公司都可能因為盈利快見頂或已見頂，所以趕快從市場以最高估值套現；4) 如果負責投資者關係的管理層只是一位受僱者，職責只是要做好這份工，他必定只報喜不報憂，更甚者他自己可能也不清楚公司的最新狀況；5) 如果有分析員或股評人向你推介某小型股，最好先請問他的資歷有多深（少於10年不需要留意），踩過多少次地雷。未受騙過的其實很難分辨出誰是真

騙子。筆者離開瑞銀後轉往一家本地投行當研究部主管，專門發掘受市場忽略的小型股，這次經驗令筆者上了非常寶貴的一課，奠定了日後判斷小型股管理層真偽的基礎。

因為這段慘痛經驗，雖然這家公司在2009年時受惠於家電下鄉政策，曾上升接近十八倍，筆者一直故意忽略它。但其實這不是一個正確的投資態度，所以這事件衍生了另一個正面教訓：雖然一些公司有不良紀錄，但如果它擁有某程度上旳特許經營價值（Franchise Value），而又受惠於上升周期或國策，仍需要保持開放的投資態度，原因是公司的高增長是來自市場國策，並非管理層。

後記

香港對沖基金業
趨向

自1993年從事證券業起，筆者經歷了五次較大規模的金融危機或股災，包括1997年的亞洲金融風暴，2000年的科網泡沫，2008年的環球金融海嘯，2011年的歐債危機及2015年7月中國的去槓桿，其他較少規模及局部性的調整更不可勝數。大部分危機的出現基本上都由於市場信貸擴張過度所形成，其中包括過度的國家，公司或個人負債及股票融資。當投行分析員時，就算市場出現大震盪，所感受到的壓力都不會太貼身。當基金經理就不一樣，因為直接拿管資本，遇上市場逆境，必須承擔莫大精神壓力（包括回報及回贖壓力），而且涉及客戶資金，責任重大。虧損了自己的金錢當然不好受，但虧蝕了客戶的資金其實更加不好受。

成立及管理自己的對沖基金相信是很多基金經理，交易員，分析員和機構銷售員的夢想。成立對沖基金的門檻其實並不高，但要達至足夠規模及經濟效益卻是非常困難，近年更愈趨艱難。2008年之前的中國經濟欣欣向榮，市

場牛氣沖天，環球資產均搶着配置給大中華地區的基金，時勢造英雄，產生了不少敢於創業的香港對沖基金成功個案。2008年之後，中國經濟放緩，國家及地區債務水平大幅度上升，歐美資金基本上對中國由樂觀轉為悲觀。加上美國股市連年牛市，外資沒有誘因將資金配置到大中華地區，所以2010年至2016年之間，港股大部分時間只處於上落市。2017年港股有所突破，主要因為愈來愈多北水透過港股通南下，這些資金主要追逐藍籌及大型股，雖然恆生指數表現亮麗（按年上升了36%），但中小型股份回報卻乏善可陳，甚至充滿風險，令非專注長倉大價股及貫徹對沖（持有短倉）的對沖基金難以跑出。

香港對沖基金大者愈大

過去10年能於市場突圍而出，形成規模（例如兩億美元資產值以上）的純本地對沖基金有如鳳毛麟角。認識很多早年投行分析師或機構銷售員出身，然後於金融海嘯前後期間出來創立小型對沖基金的朋友，都是面對同一困難，就是難以將資產管理規模擴大。缺乏規模效應，唯有採取較進取及冒險的投資策略，博取回報。由於市場缺乏長期上升趨勢，回報率波幅度必然增加，加上未達一定資產及團隊

規範，所以難以踏進被機構投資者垂青的門檻。但假如策略太保守，就算回報穩定，亦同樣難以爭取投資者注意。這就是為何大部分小型本地對沖基金難以壯大及行業愈來愈兩極化（即已具規模者愈加壯大，細小者則原地踏步）。

根據證監會2015年3月刊登的對沖基金調查報告，截至2014年9月底，全港一共有357家持9號牌照的活躍對沖基金公司，總資產管理規模為1,209億美元。專注中國香港市場的對沖基金約佔總資產的31.7%。歐美投資者佔總資產值的62.3%，而香港投資者只佔7.9%。其中機構投資者（包括基金中基金，金融機構，養老基金，捐贈及基礎基金，主權基金及政府機關）佔資產來源的66.9%。超過56.4%的對沖基金公司管理資產值少於1億美元（筆者相信其中大部分管理不到數千萬美元）。只有15.2%的公司管理超過5億美元，而只有7.6%超過10億美元。頭50大公司已掌管總資產的72.9%，而頭20大就佔了51.9%。

香港是一個金融行業發展極為成熟的地方，尤其是私人銀行業。基本上所有擁有800萬港元以上流動資金的「專業投資者」，都必定被大小不同的私人銀行客戶經理所追蹤覆蓋，提供度身訂做的投資產品和意見，與及低息融資信貸。由於獲得貼身服務，所以本地高淨值的投資者（High

Net-Worth Invesfor）及家族辦公室（Family Office）一向不熱衷投資基金。加上香港金融資訊泛濫，稍為有點常識的投資者，都認為自己是專家，不願意將資金假手於別人。

近年環球及本地監管者對銀行業及大小金融機構包括證券商及基金執行愈來愈嚴謹的合規要求，大大增加了中小型公司的營運，合規成本及籌集資金難度。筆者聽聞一些經營了多年，早已上岸的本地對沖基金行家，由於合規要求大苛刻，決定關閉基金，索性將公司轉格為家族辦公室。

預料內地資金將會主導行業增長

以往香港的本地對沖基金倚賴歐美資金的配置，筆者相信未來香港的對沖基金將會由具備內地募資渠道和網絡的中資基金經理所主導，情況就如港股一樣，定價權逐漸由南下的港股通資金所拿握。經營私募基金或對沖基金的成功關鍵是募資能力，並不單是回報。因為市場上能選股及操盤的基金經理不少，但能募資者卻是寥寥可數。作為香港投資者，未來要提高勝算，一定需要擴闊視野，了解內地基金，交易員及股民的思維及文化。

2017年12月31日

`

Wealth 80

作者	祝振駒
出版經理	呂雪玲
責任編輯	吳愷媛
書籍設計	Marco Wong
相片提供	Thinkstock

出版	天窗出版社有限公司 Enrich Publishing Ltd.
發行	天窗出版社有限公司 Enrich Publishing Ltd.
	香港九龍觀塘鴻圖道 78 號 17 樓 A 室
電話	(852) 2793 5678
傳真	(852) 2793 5030
網址	www.enrichculture.com
電郵	info@enrichculture.com
出版日期	2018 年 3 月

承印	嘉昱有限公司
	九龍新蒲崗大有街 26-28 號天虹大廈 7 字樓
紙品供應	興泰行洋紙有限公司

定價	港幣 $138　新台幣 $580
國際書號	978-988-8395-69-9
圖書分類	(1) 工商管理　(2) 投資理財

作者及出版社已盡力確保所刊載的資料正確無誤，惟資料只供參考用途。
對於任何援引資料作出投資而引致的損失，作者及出版社概不負責。

支持環保　　此書紙張經無氯漂白及以北歐再生林木纖維製造，
並採用環保油墨